리더의 승패는 청렴이다

To.

_____

_____

_____

From

· 청 렴 리 더 ·

리더의 승패는
청렴이다

배 정 애
지음

인사이동이나 신규채용 기간이 끝나면 청렴주제 강의 의뢰가 많이 들어온다. 인사이동, 신규채용 모두 새로움을 의미하기에 강의하는 나 역시 새롭게 시작하겠다는 마음으로 강단에 선다.

강의가 끝날 무렵 청중과 함께 청렴 행동강령을 외치는 경우가 종종 있다. 이때, 청중 목소리, 표정, 눈빛에서 청렴 의식과 규칙, 원칙을 바로 잡고자하는 자긍심이 전달될 때가 있다. 청렴 강사로서 가장 행복한 순간이다. 부족한 강의지만 청렴한 세상을 만드는데 작은 변화를 주고 있다고 생각하기 때문이다.

"우리는 자신이 뭔가 잘못되었다는 믿음을 짊어지고 서 스스로 귀중한 인생을 낭비하고 있다는 것을 깨닫기 위해, 자신의 임종순간까지 기다릴 필요가 없다."

불교 명상가 타라 브랙 박사의 말이다. 청렴 강의를 하며 매번 마음에 새기는 말이다. 사실 우리는 세상을 사는데 필요한 약속들은 유치원 때 모두 배웠다. 줄서기, 약속 지키기, 거짓말하지 않기…. 모두가 잘 알고 있는 서로의 약속들이다. 하지만 실천을 이야기하면 모두가 부끄럽다. 청렴 역시 마찬가지다. 부정부패를 하면 안 된다는 사실을 모두 알고 있지만, 뉴스에서 부정부패 사건이 연일 보도되고 있다. 사회지도층들은 일반인이 상상하지 못하는 금액으로 부정부패를 일삼고, 평범한 사람들 역시 금액만 적을 뿐 부정부패를 일삼고 있다. 우리 모두 어린 시절 부정부패가 나쁘다고 배웠지만, 실천 앞에서 모두가 부끄럽다.

강의현장에서도 부정부패의 심각성을 모두가 알고 있음을 느낀다. 하지만 작고 사소한 것까지 완벽하게 청렴하기는 힘들다는 반응을 보인다. 이런 반응을 개선하고자나 역시 작고 사소한 부정부패를 전달하는 법에 대해 고민을 자주한다. 이러한 고민의 결과로 청렴에 대해 쉽게 다가갈 수 있는 '청렴 토론배틀', '청렴 골든벨' 등 다양한 프로그램을 만들었고, 이 책 역시 청렴과 좀 더 쉽게 다가가고 싶은 마음의 연장선에서 탄생한 책이다.

이 책을 통해 청렴 교육은 어렵고 고리타분하다는 생각보다 우리 생활과 가깝고, 공직자나 일부 사람에게 국한된 마음가짐이 아니라 우리 모두에게 필요한 마음가짐임을 전파하는데 작게나마 일조하고자 하는 바람이다. 또한, 현시대에 리더를 꿈꾸는 사람이라면 능력과 함께 자신의 청렴 상태를 점검하라는 메시지를 넣었다. 실제로 훌륭한 리더 모두는 청렴했다는 사실을 이 책을 통해 알 수 있을 것이며, 리더를 꿈꾼다면 청렴을 어떻게 유지해야 하는지 방법도 제시했다.

국가경쟁력과 청렴은 비례한다고 한다. 청렴한 국민이 청렴한 리더를 선출하고, 청렴한 리더는 국가경쟁력을 더욱 높게 만든다. 결과적으로 국가경쟁력은 누구도 아닌 청렴한 국민이 만드는 법이다. 바로 평범한 우리가 만든다는 말이다. 청렴은 한 두 사람의 노력으로는 불가능하다. 모두가 함께해야 청렴한 사회를 만들 수 있다.

　청렴은 남의 이야기가 아닌 나의 이야기이며, 내가 실천하면 모든 것이 달라진다는 의식변화가 일어나길 빌어본다. 청렴한 세상은 결코 멀리 있지 않고, 가까이에 있으며 그 주인공은 우리 모두라는 사실을 인식하는데 이 책이 작은 역할을 했으면 좋겠다.

　　　　　　　　　　　　　　　배 정 애

CONTENTS

CONTENTS

04 청렴한 리더를 만드는 진정성 리더십 11가지

CONTENTS

—

청렴하지 못한
리더는
왜 실패하는가

01

부정부패는 모든 망조(亡兆)의 시작이다

중학교 시절 택시를 타고 친구들을 만나러 간 적이 있었다. 당시 택시 안에는 보기 드물게 손바닥만한 미니 텔레비전이 있었다. 텔레비전 안에서는 외국인 노동자 100여 명이 나와 집회를 열고 "사장님 때리지 말고 월급 주세요"라는 구호를 외치고 있었다. 그 모습을 본 택시기사는 나에게 한마디 했다. "나라가 힘이 없으면 우리도 저렇게 될 수 있어요"라고. 택시 기사의 짧은 말이었지만 아직도 생생하게 기억에 남는다.

'나라가 없어진다.…'

당시엔 상상하기 어려웠지만 청렴교육을 시작하고 보니 21세기에도 언제든지 나라가 없어질 수 있겠다는 걸 새삼 느끼곤 한다. 나라가 없어질 때는 반드시 망조(亡兆)

가 있는데 그것은 부정부패다.

우리나라도 참전했던 베트남 전쟁. 강대국 미국의 경제적, 군사적 지원을 받은 월남은 겉으로 강해 보였지만 정치, 군사는 부정부패가 심각했다. 전투가 발생해 보병이 포탄지원을 요청하면 포병은 돈을 요구했고, 전투기 조종사가 전투기를 이웃나라에 팔아버리는 등 월남군의 기강은 바닥이었다. 역사상 전래 없는 전투로 평가받는 '테드대공세'에서 월남군 장교들은 피난 가는 가족을 따라 도망가는 바람에 패배했다.

반대로 월맹군은 죽을 때까지 검소하게 살았던 호치민을 중심으로 전투에 임했다. 호치민은 친형제는 물론 누구에게도 특혜를 베풀지 않았고, 입고 있던 옷 한 벌과 정약용의 《목민심서》만 남기고 세상을 떠날 정도로 검소했다.

결국 미국이 많은 지원을 해줘도 부정부패로 제 역할을 못한 월남은 역사 속으로 사라졌다. 베트남 전쟁은 부정부패하면 언제든지 나라가 망할 수 있음을 보여준 역사적인 사례다.

베트남 전쟁 말고도 부정부패한 곳은 어디든 망한다는

걸 보여준 일들은 역사에서 많다. 거대한 중국을 두 진영으로 나누며 싸운 국민당과 공산당. 국민당은 장교, 병사 할 것 없이 무기와 기름을 민간인에게 팔아 수익을 취했고, 심지어 적(敵)인 공산당에게도 무기를 판매할 정도로 부정부패했다. 결국 유리한 이점에도 불구하고 국민당은 대만으로 후퇴한다. 이외에도 청나라의 망조, 프랑스 왕권몰락 등 참으로 많은 망조에는 부정부패가 한 몫 했다. 부정부패가 도를 넘으면 외국에 의해 또는 화가 난 민중들에 의해 나라가 망하게 된다. 나라가 망해 혼란이 오고 생계가 어려워지면 우리 역시 기본적인 권리조차 보호받지 못하는 작은 TV 속 외국인 노동자처럼 될 수 있다는 점을 기억해야 한다. 그리고 21세기에도 부정부패한 나라는 언제든지 망할 수 있다는 것도 알아야 한다.

우리나라 역시 부정부패로 망조를 겪은 일이 있다.
조선 후기 세도정치 시기는 지방의 탐관오리가 판을 치고 삼정의 문란이 일어났던 시기이다. 삼정 문란은 조선 재정의 주류를 이루던 전정(田政)·군정(軍政)·환정(還政)의 세 가지 수취체제가 변질되어 부정부패로 나타난 현상이다. 이 시기에는 관리들의 수탈과 착취가 빈번했다. 그래서 이는 홍경래의 난, 임술 농민항쟁 등의 농민항쟁의 원인이 되었고, 점차 조선의 국운이 쇠하기 시작했다. 즉 조선 후기 세도정치 시기의 부정부패는 조선 망조의 시작이라고 할 수 있다.

조선후기 세도정치의 부정부패로 시작된 실패의 역사는 과거에만 있었던 것이 아니다. 이 순간에도 부정부패는 발생되고 있고, 비록 사소한 사건이라고 할지라도, 이는 조선이 사라진 것처럼 우리 대한민국도 역사 속으로 사라질 수 있음을 암시한다.

이렇게 나라가 없어지는 부정부패를 영원히 기억하자는 운동도 있다. 바로 경남 함양군의 '조병갑 선정비'다. 함양 상림 숲 역사인물 공원에는 조병갑의 선정비가 있다. 함양군은 갑오동학농민운동 120주년을 맞아 조병갑 선정비를 철거하기로 결정했다. 선정비에는 함양군수를 지낸 조병갑의 재임기간이 표시되어 있는데, 온갖 방법을 동원해 백성을 착취하고 부정부패했던 조병갑선정비를 철거해 역사를 바르게 세우자고 했다. 하지만 함양군의회, 농민회 등은 선정비철거를 반대했다.

부정부패했던 사람의 선정비를 철거하자는데 반대할 이유가 없지만 시민들은 오히려 부정부패했기 때문에 더더욱 철거할 수 없다고 말한다. 이유인즉 그의 역사적 과

오를 영원히 기억하기 위해서 선정비가 필요하다는 것이다. 그리고 안내판을 세워 철거하지 않은 이유와 조병갑의 부정부패를 낱낱이 공개하자는 의견을 모았다.

조선 말기는 외세 간섭과 국정 혼란으로 매관매직이 심한 때였으며, 조병갑은 고부 군수로 재임하면서 온갖 방법으로 백성을 착취, 이 시기 탐관오리의 대표적인 인물로 갑오동학농민운동 발생의 직접적인 원인을 제공했다고 평가된다.

안내판에 쓰여 진 일부내용이다. 조병갑은 영원히 부정부패와 백성을 착취한 인물로 많은 사람들의 기억 속에 남을 것이다. 그리고 부정부패가 망조라는 사실을 함양군 사람들은 잘 알고 후대에게 교훈을 주는 것 같아 뜻 깊은 것도 사실이다.

망조의 시작은 부정부패다. 얼룩진 탐관오리형 리더의 모습은 주변에 없는지 진단해 봐야 할 것이다. 시대는 변했지만 인간 세상에는 여전히 탐욕이 득실거린다. 배가 불러도 부른지 모른 채 통장에, 금고에 쌓아두는 사람들이 있다. 개인이라면 모르겠지만 사회적인 지위가 있는 사람이라면 언젠가 역사에 오점으로 남을 것이다. 또 이런 인물들이 모여 있는 나라는 결국 역사에서 사라진다.

02

다 알고
당신만 모르는
엄이도종

누구나 어릴 적 숨바꼭질을 해본 경험이 있을 것이다. 어린 친구들은 다 보이는 장롱 속이나 커튼 뒤, 식탁 밑에 숨는다. 엄마는 숨은 곳을 대번에 알지만 아이의 순수성 때문에 모른 척 한다. 영아기 때의 숨바꼭질은 남들은 다 아는데 자신만 모르는 숨바꼭질이다. 아이라면 순수성이지만 어른이라면 다른 차원에서 문제가 발생할 수 있다. 적어도 '청렴'에서는 말이다.

'엄이도종'이라는 사자성어가 있다. 매년 12월에 교수 협회에서 발표하는 올해의 '사자성어'로 2011년 엄이도종이 선정되었다. '엄이도종'은 직역하면 '귀를 막고 종을 훔친다'는 뜻이고 의역하면 '나쁜 일을 하고서도 남의 비난이 듣기 싫어 자기 귀를 막아 보지만 그래도 소용없다'는 뜻으로 풀이된다. 엄이도종, 이 말은 곧 떳떳하지 못한

짓을 했음을 자기도 알고 다른 사람들도 다 아는데 짐짓 떳떳한 척하거나 모르는 체하는 행동거지를 빗댄 말이다.

이 말은 중국 전국시대 말기 진나라 승상 여불위가 쓴 우화집《여씨춘추》에서 나온 말이다. 춘추전국시대 범씨가 다스리는 나라가 망하기 직전 범씨 집안에 도둑이 들었다. 도둑은 종을 훔치려 했지만 너무 무거워 한 번에 들고 갈 수 없었다. 도둑은 종을 쪼개기로 하고 망치로 종을 깼는데 종소리가 너무 크게 울렸다. 그래서 도둑은 다른 사람이 올까 두려워 자기 귀를 막았다. 종 깨는 소리가 다 들리는데 자기 귀만 막으면 된다는 생각으로 행동했던 것이다.

이렇듯 리더는 자신만 좋으면 다른 사람이 어떻게 생각하든 상관없다는 생각이 아직도 있다. 우리는 종종 리더들이 문제를 일으키거나 부정부패할 때 나름 해명을 한다. 하지만 속 시원하게 해명이 안 되는 경우가 많다. 마치 귀를 막고 질문을 듣지 않은 채 해명만 하는 모습을 많이 본다. 자신의 잘못을 알고 피하는 모습인지, 정말 모르는 것인지 알 수 없다.

엄이도종처럼 역사인물 중에서도 자신이 잘못한 행동

을 하고도 모르는 경우가 있다. 단죄에 유효기간이 없는 역사에서 자신도 모르는 사이에 실수로 문제가 터지면 '무지했다'고 평가받을 수 있지만, 잘못을 하고도 종을 훔친 도둑처럼 자기만 모르는 척하면 된다고 생각하면 역사 평가는 달라진다.

다 아는 방법으로 다 아는 곳에서 부정부패를 저질러 "화신이 거꾸러지니 가경의 배가 부르네"라는 말을 남긴 눈에 보이는 부정부패의 인물이 있다. 건륭제는 60년간 청나라를 통치했는데 나라를 안정시키며 스스로 자만에 빠진다. 특히 아첨을 구분하지 못해 아첨꾼들이 주변에 많았다. 아첨꾼 중 하나가 화신이다.

화신은 궁을 지키는 경비병이었다. 어느 날 건륭제가 햇빛을 가리는 황개를 찾을 수 없었다. 화가 난 건륭제는 황개를 관리하는 책임자가 누군지 물었다. 아무도 말을 하지 않고 있자 경비병 화신은 단호하게 "의장을 책임진 당사관을 추궁해야 할 줄 아옵니다."라고 말한다. 건륭제는 일개 경비병이지만 준수한 외모와 자신감이 마음에 들어 실력을 테스트할 겸 다른 질문을 한다. 화신은 자신 있게 질문에 대답한다. 그 후 승승장구한 화신은 건륭제의

친위대를 거쳐 시중을 맡는 어전시위로 진급한다. 마지막으로 건륭제의 딸과 화신의 아들이 혼인하며 사돈관계가 된다.

　권력의 정점에 오른 화신의 눈에는 보이는 게 없었다. 온갖 방법을 동원해 부를 축적했다. 물 만난 아첨꾼들은 화신을 통해 매관매직, 뇌물을 주었다. 심지어 건륭제에게 바칠 제물도 중간에서 가로챘고 누구하나 화신의 부정부패를 고발하지 않았다. 고발은 곧 죽음이었다. 엄이도 종처럼 다 보이지만 그는 부정부패를 통해 부를 축적했다. 하지만 건륭제 역시 세월을 이기지 못해 죽는다. 황제 자리를 양위 받은 가경제(인종)는 화신의 부정부패를 알고 있었다. 가경제는 즉시 화신을 체포해 전 재산을 몰수하고 화신에게 자결을 명한다. 화신의 집을 조사한 결과 금은보화, 진귀한 보물 등이 끊임없이 쏟아져 나왔다. 그 돈이 조정 10년 수입액과 비슷했다. 사람들은 이를 "화신이 거꾸러지니 가경의 배가 부르네." 하며 조롱했다.

　눈에 보이지 않는 부정부패라 하더라도 언젠가는 밝혀지는데, 눈에 보이게 부정부패한 화신의 끝은 누구나 알 수 있다. 단지 화신 본인만 몰랐다. 진정 귀를 가리고 종을 뜯어가려는 심보이다.

눈에 보이는 부정부패는 물론 보이지 않는 부정부패도 반드시 밝혀지게 된다. 본인이 아니면 후대라도 말이다. 후대를 생각하면 부정부패 할 수 없다. 더욱이 과거에 비해 많은 정보가 오픈되었다. 투명사회가 되어가고 있는 것이다. 더불어 데이터도 무한정 축적이 가능해졌다. 쌍방향 소통도 원활해지면서 모든 정보들이 투명해지고 유통도 빨라졌다. 정보유통이 빨라 하루 만에 전 국민이 소식을 알게 되는 세상이다. 청렴은 공직자, 기업인 등이 자신을 지키는 최고의 수단이자 최후의 안전라인이다.

이 안전라인을 지키지 못한다면 결국 자신만 모르고 세상이 다 아는 '엄이도종'이라는 주술에 걸리게 된다. 모를 것 같지만 결국 다 알게 된다. 어떤 경로로든 비밀은 들통나게 된다. 차라리 투명하게 윤리적으로 사는 길이 100세 시대에는 더 이치에 맞는 행보이다.

03

비리사건,
일반인을 향한
박탈감의 백미

120여 전 조선을 여행했던 독일인 헤세바르텍. 조선을 방문한 그는 조선남자를 보고 게으른 민족으로 판단했다. 조선남자는 농사를 짓는 것보다 도박을 하거나 술을 먹고 생계는 뒷전으로 행동했기 때문이다. 헤세바르텍은 조선의 부정적인 이미지만 안고 만주로 넘어간다.

당시 일본의 횡포가 심해 많은 조선인들은 만주로 넘어가 농사를 짓고 있었다. 헤세바르텍은 만주에서 조선남자들의 새로운 면모를 본다. 남자들은 매우 부지런했고 가정을 잘 꾸려나갔기 때문이다. 그는 이런 차이를 '상대적 박탈감'이라고 말했다.

조선에서 농사를 지으면 소작료가 상상을 초월했기 때문에 열심히 농사를 지을 필요가 없었다. 지어봤자 지주가 가져갔기 때문이다. 만주는 개척을 해서 얻은 땅으로 수확을 고스란히 가져갔다. 열심히 일하면 열심히 일한

대가를 받을 수 있었다.

농사를 지으면 지주가 걷어 가 버리고 부당한 부역과 군역, 세금으로 박탈감을 느끼니 나라는 활력을 잃어버린 것이었다. 동기부여가 없다면 성취욕도 없다. 즉, 어떤 사회인가에 따라서 일하고픈 마음이 들기도 하고 의욕이 사라지기도 했던 것이다.

"정년퇴직 전까지 얼마를 모을 수 있습니까?"

모 언론사에서 직장인들을 대상으로 조사를 했다. 조사 결과 1위가 3억~3억 5,000만 원이다. 강의를 나가 정년퇴직이 얼마 안남은 직원들에게 물어보면 비슷한 대답이다. 대부분 5억 이상은 모으기 힘들다고 말한다. 정말 그런 것 같다. 직장인 평균연봉을 생각하고 치솟는 아파트 값, 사교육비, 실질적 물가 등을 생각하면 3억~5억을 모으는 건 정말 힘들다.

직장인 말고 취업을 앞둔 학생들에게 부자의 기준을 물어본 적이 있다. 많은 대답 중 어느 학생의 말이 아직도 기억에 남는다.

"강사님 요즘은 빚이 없는 것만 해도 부자래요"

정말 그런 것 같다. 학자금대출, 책값, 교통비, 심지어 취업을 위한 사교육비까지 사회에 나올 때부터 빚으로 시작한다. 그러니 빚이 없는 게 부자라면 부자다.

뉴스에 나오는 부정부패 금액을 보면 열심히 일해야 5억도 못 모으는 직장인을 허탈하게 하고 사회에 나올 때부터 빚으로 시작하는 학생들을 허망하게 한다고 생각한다.

우리를 허탈하게 하는 다른 조사를 살펴보자.

2013년도 통계청에서 실시한 사회조사 결과 우리나라 국민은 '스스로 어떤 계층에 속한다고 생각하나'라는 질문에 1만 7665가구의 가구주 중 51.4%는 중간층이라고 응답했다. 반면에 46.7%가 하층에 속한다고 답했다. 우리 국민의 1.9%만이 상층에 속한다고 보고하였다. 즉, 국민 절반이 "나는 하층민"이라는 이야기다. 이어서 직장인들에게 한국의 중산층 기준은 무엇이냐는 질문에 '부채 없는 30평대 아파트', '월급 500만 원 이상', '자동차 2,000cc급 중형차', '통장잔고 1억 이상', '해외여행 1년에 몇 회 이상'이 되어야 스스로가 중산층이라고 생각한다는 것이다. 평생 얼마를 모으는 일이 인생의 목적이 되어서는 곤란하다. 그런데 우리는 그러한 구조 속에서 살고 있다.

평생 자신의 일을 즐겁게 하면서 경제도 해결되어야 하는 구조인데도 불구하고 100세 시대 생계유지가 목적이 된 것이다. 은퇴를 늘리면서 70대까지 일을 하려는 것을 보면 우선 자아실현보다 살아내야 한다는 힘겨운 압박감이 더 드는 듯하다. 이렇게 힘든 상황에 비리 사건이라도 터지면 일반인들의 허탈감은 더 커진다. 일반인의 삶이 민심을 대변한다. 취업, 결혼, 집, 자녀 교육, 노후 등이 목적이 되어버린 삶의 구조는 허탈하다. 눈높이를 맞춰 서민이 살기 좋은 세상을 만든다면 정말 살고 싶은 대한민국이 될 것 같다. 가장 선행되어야 할 일이 부정부패 척결이다.

독일인 헤세바르텍이 본 조선의 모습과 21세기 대한민국의 모습을 생각해보자.

조선의 백성 역시 상대적인 박탈감이 심했다. 아무리 열심히 공부해도 신분상승을 할 수 없는 구조였고 열심히 농사를 지어도 지주와 정부의 불합리 때문에 자기 것으로 취할 수 없는 구조였다. 그것은 지금도 되풀이 된다. 정년 퇴직하면 3억~5억을 가지고 100세 인생을 살아야 한다.

활력을 잃으면 도전정신이나 개척정신은 바랄 수 없다. 곳곳에서 우리나라가 활력을 잃었다고 한탄하는 소리가 들린다. 활력 잃게 하는 많은 요소 중 성실한 납부자를 허탈하게 하는 비리 사건도 단단히 한몫하고 있다. 나라의 활력을 위해서 또는 후배들, 자손들에게 공정한 사회를 주기 위해서라도 박탈감을 주는 비리사건은 없어져야 한다. 그것이 가장 기운 빠지게 하는 일이다.

04

리더는 평판이 만들고,
평판은 청렴이 만든다

2015년 신종직업 중에 '인터넷평판관리사'란 직업이 있다. 유명인이나 정치인들의 인터넷 평판을 관리해주는 일을 말한다. 인터넷상 악의적인 글은 해당게시판에 정식으로 요청해 삭제하고 좋은 글은 상위검색에 올려주는 신종직업인 셈이다. 인터넷평판관리사처럼 평판을 전문적으로 관리해주는 직업이 있을 정도니 우리는 정말 평판사회에 살고 있다.

강사를 하다보면 평판의 중요성을 더욱 깨닫게 된다. 강사는 강의를 하러 간 곳에서 또 불러줘야 고정고객이 확보되는데 강의에서 평판이 좋지 않으면 다시 안 불러준다. 즉, 자동으로 수입이 줄어들게 된다. 평판이 무서운 것은 당사자는 전혀 알지 못하게 번지는 것 때문이다.

자신이 알게 될 때쯤은 이미 많은 사람이 '나'에 대한 부정적인 평판을 가지고 있게 되었을 때다. 수습하려 해도 수습이 힘들게 된 상태인 것이다. 그래서 리더는 평판에 민감해야 한다. 잘 관리한다면 어느 무기보다 막강한 힘을 발휘할 수 있다.

리더 역시 평판을 목숨보다 중요하게 여기는 직업이다. 오히려 평판에 따라 리더의 힘이 좌지우지되는 경우가 많다. 일본의 경영 3대의 신으로 불리는 이나모리 가즈오 회장. 그는 파산했다고 결론을 낸 일본항공(JAL)을 2년 8개월 동안 경영하여 흑자로 전환시킨다.

고령의 나이임에 불구하고 경영일선에서 진두지휘했던 모습은 일본인들에게 강렬한 인상을 남겼다. 치열했던 2년 8개월간의 기록은 《이나모리 가즈오, 1,155일간의 투쟁》이란 책으로 우리에게도 알려져 있다.

그는 처음 일본항공 경영을 제의받았을 때 수락하지 않았다. 건강상의 이유와 평소 일본항공에 대한 부정적인 인식, 주변의 만류 때문이었다. 하지만 일본항공산업의 미래와 일본경제 그리고 선배경영인으로서 진정한 자세를 보여주기 위해 일본항공을 경영하여 흑자로 전환시켰다.

이나모리 가즈오 회장이 일본항공 경영권 제안, 흑자전환 때 받은 저항과 승리, 멋진 은퇴까지 모든 게 가능했던 것은 평소 평판이 큰 역할을 했기 때문이다. 그가 맡은 회사는 무조건 흑자가 된다는 평판과 그의 경영철학은 대의를 위한 것이란 평판이 존재했기 때문이다. 그런 그의 평판을 믿고 혹독한 경영변환을 성공한 것이다.

또 다른 인물이 있다. 미-소 냉전시기 살벌한 외교환경에서 윤활유 역할을 했던 미국 외교가 키신저란 인물이다. 외교무대에서 여러 가지 위기 때마다 키신저가 등장하면 잘 해결된다는 평판이 돌았다. 미국은 껄끄러운 외교무대에는 키신저를 보냈다.

키신저의 평판을 믿었던 것이다. 평판 때문인지 그와 협상을 하면 정말 모든 문제가 마치 물 흐르듯이 순조롭게 잘 풀렸다. 그 대표적인 예가 바로 미국과 중국의 정상회담을 성사시킨 일이다. 키신저가 오면 잘 해결된다는 강박관념이 외교무대에서도 통했다.

이나모리 가즈오, 키신저 등 수많은 리더는 평판으로 만들어진다. 리더가 되기 위해선 자신의 평판을 꾸준히 관리해야 한다. 평판관리에 있어 꼭 챙겨야 할 부분이 바로 청렴이다. 청렴하지 못하면 아무리 성과가 좋더라도 마음의 문을 닫아버린다.

EBS 방송에서 미국 전 대통령 클린턴에 대한 다큐를 방영했던 적이 있다. 사회자가 클린턴하면 무엇이 떠오르냐고 묻는 질문에 나도 모르게 '르위스키 스캔들' 사건이 생각났다. 그가 했던 수많은 긍정적인 정책들 의료법안, 인종차별 줄이기, 행정부 개혁보다 스캔들이 먼저 떠오른 것이다. 이것은 클린턴에 대한 나의 평판인 셈이다. 청렴은 그만큼 중요하다.

청렴하지 못하면 과거성과에 대한 기억도 사라지게 된다. 아무리 주변에 '공(公)이 과(過)를 덮으면 안 되고 과가 공을 무시하게 만들면 안 된다.'라고 외쳐도 청렴하지 못한 행동에 공은 매번 무시를 당한다. 평판이 리더에게 미치는 중요성을 안다면 무엇보다 청렴부터 챙기라는 말을 하고 싶다. 뛰어난 성과도 청렴하지 못한 행동 한 번에 바람 앞의 풍선처럼 확 날아가 버리는 법이다.

리더의 평판에 관한 사자성어 중 망운지정(望雲之情)이란 사자성어가 있다. 당나라 때 적인걸이란 인물은 1년 동안 1만 7,000명을 올바르게 재판했다. 그 뒤 사람을 힘들게 한 사당 17,000개를 없애고 무고한 죄로 사형선고 받은 2,000명을 구제해주었다. 하지만 적인걸 역시 실력이 뛰어난 만큼 모함을 피할 수 없었다. 결국 그는 모함으로 좌천되어 타이항산에 올라 구름을 보며 구름아래 살아계신 부모님을 그리워했다고 한다. 사람들의 모함으로 좌천되었던 그에게 강력한 평판의 힘이 작용하였고, 평판의 도움으로 그는 다시 등용되었다. 등용된 후 평판처럼 부정부패를 척결하고 모든 걸 공정하게 처리한다. 훗날 그를 높이 산 사람들이 적인걸의 망운지정을 칭송했다. 결국 사사로움 없이 판결하고 청렴했기에 좋은 평판이 형성되어 망운지정이란 사자성어도 남길 수 있었다.

우리는 평판사회에 살고 있음을 알아야 한다. 평판사회에서 제일 중요한 건 청렴이다. 청렴하지 못하면 실력이 있어도 평판은 추락하고 만다. 실력이전에 청렴부터 챙겨 평판을 높여야 할 것이다.

05

못 챙겨야
두 발 뻗고 잔다

한 때 대기업 총수나 정치인이 검찰에 출두할 때 매번 같은 복장을 입어 화제가 되었다. 그 같은 복장이란 바로 환자복이다. 지친 표정에 마스크를 쓰고 비서로 보이는 듯한 사람에게 의지하여 휠체어를 타고 나타난다. 조금 더 심각한 사람은 링거를 추가하여 등장한다.

일각에선 이젠 식상하다는 표현을 쓸 정도로 유행이었다. 당시 개그프로그램에서 이런 행동을 패러디했다. 휠체어를 탄 환자에게 "이젠 안 통해요"를 외치자 환자는 벌떡 일어나 유유히 걸어가 웃음을 주었다.

정말 아픈 것인지, 아니면 다른 꿍꿍이가 있는 것인지 몰라도 출두하는 사람이나 그것을 지켜보는 국민이나 그런 사람을 조사하는 사람 모두가 피곤한 모습이었다. 애초에 이런 일이 없었다면 환자복을 입을 일도 없었을 것이다.

한 때 대한민국에 웃음을 선사해 준 대전중문교회 장경동 목사가 있다. 그의 강연은 어느 개그맨 못지않게 재미있고 많은 교훈을 주었다. 장경동 목사 강연 중 유독 기억에 남는 부분 중 하나는 '선택 스트레스'이다. 장경동 목사는 외부 강의를 나가면 양복을 딱 한 벌만 준비한다고한다. 양복 딱 한 벌만 준비하는 이유에 대해 그는 이렇게말한다.

"양복 한 벌이면 세상 편해"

옷이 한 벌이니 선택의 여지가 없다. 어떻게 보면 가장편한 선택일지 모른다. 그와 마찬가지로 청렴하다면 누구보다 세상 편할 수 있다. 이유는 걸릴 것이 없기 때문이다. 정말 두 발 뻗고 푹 잘 수 있다. 하늘 아래 떳떳하기때문이다.

모 기업회장의 정관계 로비 정황이 포착되었다. 수사가 압박해오자 회장은 스스로 목숨을 끊었다. 그리고 자신의 처지를 유서에 남기고 로비한 사람들의 이름을 쪽지에 남겼다. 이 사건을 보고 쪽지에 이름이 있는 사람들의심정이 어떠했을까 생각해보았다. 아무 영향이 없다는 것은 거짓말이다. 대형로비사건에 자신의 이름이 턱, 하니 걸릴 수도 있는데 밤에 편안히 두 발 뻗고 잠을 잘 수는 없었을 것이다.

혹자는 말한다. 우리나라와 같은 환경에서 부정부패에 연루되지 않고 어떻게 기업을 일구어나갈 수 있는가 말이다. 하지만 부정부패를 하지 않고 승승장구하는 기업도 사실 많다. 그리고 공식루트를 통해 후원할 수도 있다.

리더가 자신의 일에 집중하지 못하면 조직 역시 잘 돌아가지 않는다. 리더가 청렴하지 못해 어떤 사건에 연루된다면 그 조직의 집중력은 분산된다. 또한 제대로 된 휴식도 취할 수가 없다. 차라리 못 챙기고, 안 주는 편안함을 선택하는 것이 더 나을 수 있다. 그 편안함은 오히려 집중력을 끌고 온다.

청렴한 리더는 마음이 편하다. 편하기에 경영에 더 집중할 수 있고 조직원들을 챙길 수 있다. 그리고 청렴하다는 평판으로 더 많은 기회가 열린다. 낮말은 새가 듣고 밤말은 쥐가 듣는다. 즉 세상에는 비밀이 없다. 못 챙기는 바보가 차라리 낫다. 유혹을 내려놓고 청렴을 통해 일에만 집중하는 리더가 되자.

안빈낙도(安貧樂道)라는 사자성어가 있다. 가난 속에서 마음 편히 도를 추구한다는 뜻이다. 공자는 제자들에게 안빈낙도를 강조했다. 특히 안회는 안빈낙도를 철저히 실현했는데 너무 청렴해 쌀뒤주가 항상 비어있었다. 비록 가난할지라도 불의와 타협하지 않고 스승의 가르침을 실천했다. 그렇기에 공자가 아끼는 몇 안 되는 제자 중 하나가 되지 않았나 생각한다. 안회처럼 남들 챙길 때 못 챙겨서 자신의 처지를 비관하거나 바보로 생각하지 않고 오히려 두 발 뻗고 잘 수 있다고 생각하며 높이 평가받을 수 있는 사회가 되었으면 한다.

06

미래세대의
반면교사(反面教師)가
될 수 있다

"역사는 공소시효가 존재하지 않는다."

참으로 무서운 말이다. 한번 얻은 역사평가는 당사자가 죽어서도 계속 유지되기 때문에 공소시효가 없다. 누군가가 죽으면 역사는 평가에 들어간다. 좋은 평가를 받으면 미래세대에겐 존경을 받는 동시에 롤 모델이 되지만, 부정적인 평가를 받는다면 미래세대에게는 반면교사가 된다.

만약 조직에 몸담고 있다면, 은퇴 후에 또 이런저런 이유로 물러난다면 당신의 평가는 어떠할까. 평가가 좋다면 좋은 사람으로 유지될 수 있지만 평가가 나쁘다면 당신은 그 조직이 사라질 때까지 '저 사람처럼 되지 말아야지'라고 하는 조직원들의 반면교사가 될 수 있다.

사람고기를 먹어보지 못했다는 권력자의 말에 자기 자식을 삶아 바친 사람이 있었다. 바로 간신의 대표로 불리는 역아(易牙)라는 사람이다. 역아는 요리를 통해 권력층의 중심에 접근한다. 그리고 춘추전국 시대 제나라 왕 환공을 등에 업고 부정부패를 저지른다. 감언이설로 왕을 설득하고 민심을 돌보기보다 요리를 통해 삶의 쾌락을 선물했다.

어느 날 환공은 역아의 요리를 먹다가 "먹어보지 못한 고기가 하나 있네. 그건 사람 고기네."라는 말을 툭 뱉는다. 뱉는 말을 놓칠 리 없는 역아는 자신의 3살짜리 남자 아이를 삶아 요리한다. 요리를 맛있게 먹은 환공은 역아에게 무슨 고기인지를 묻는다. 역아는 황망하게 무릎을 꿇고 말한다. "이 고기는 신의 세 살 난 아들입니다. 군주에게 충성을 다하는 자는 그 집안을 돌보지 않는다고 합니다. 아들을 주공께 바침으로써 충성을 나타내고자 한 것입니다."

인간고기란 말을 듣고 구토를 했지만 환공은 이 일을 계기로 역아에게 더욱 의지하게 된다. 그 후 역아는 충신들을 물러나게 하고 제나라 3명의 간신이라고 불리는 수조, 개방을 합류시켜 제나라를 멸망의 길로 인도한다.

우리가 역아와 환공 이야기로 알 수 있는 것은 역사 기록 때문이다. 역사란 후대들에겐 지식과 지혜를 주지만 당사자에게 무서운 기록으로 남는다. 역아는 '최고의 간신'이라는 평가를 죽어서 2,600년이 흐른 지금도 받고 있다. 간신을 보지 못한 환공 역시 2,600년이 흐른 지금 현명하지 못한 군주로 평가받는다. 역사에 공소시효는 없다.

부정부패를 저지른 사건이나 사람 역시 공소시효가 없는 역사평가를 받는다. 그 모습을 보고 미래세대는 반면교사로 삼는다. 당사자가 죽으면 평가는 더욱 냉철해지고 객관적으로 변한다. 그 주인공이 누가 될지는 아무도 모른다.

조선의 일본침략을 예상하고 10만 양병설을 주장한 율곡 이이. 1974년 그의 이름을 따서 신무기교체와 군 시스템 개선을 위한 사업이 '율곡사업'이었다. '건국 이래 최대사업'이라 불렸고 비리사건이 터지자 만연된 군비리, 정관계 로비 등 다양한 정황이 포착되었다. 도깨비 방망이 같이 출처도 모르는 돈이 로비로 흘러나왔던 것이다. 그 돈은 일반인들의 상상을 초월했다. 하지만 수사를 맡은 기관은 속 시원한 결론을 내놓지 못했다.

율곡사업은 율곡이이 이름답지 못하게 부정적인 인식

이 강했다. 방산비리의 대명사로 불리웠고 그 사건에 연루된 수많은 사람은 공소시효가 없는 역사의 부정적인 평가를 벗어날 수 없게 된 것이다. 또한 미래세대에게 반면교사가 된 셈이다.

청렴하지 못한 행동은 영원한 꼬리표를 만든다. 설사 감춘다 해도 자신만큼은 속일 수 없다. 언젠가 스스로를 평가했을 때 청렴하지 못한 행동이 스스로를 구속할 것이다. 만약 청렴하지 못한 행동을 하고도 스스로 부끄럽지 않으면 양심마저 저버린 사람일지 모른다. 누군가는 따진다.

"나만 못 해먹게 생겼는데 양심은 무슨?"

나만 못 해먹는 건 당장 바보처럼 보일 수 있겠지만 언젠가 역사평가의 준엄한 심판 앞에 떳떳할 것이다. 역사적인 평가에는 공소시효가 없다는 점을 분명히 기억해야 한다.

07

왜 제도만으로는
실패하는가

선거철을 앞두고 조용한 시골 마을이 쑥대밭으로 변했다. 마을주민 전체에 가까운 사람들이 선거법위반으로 과태료 50배를 처분 받았기 때문이다. 시골 어른들은 으레 있는 행사인 줄 알고 식사를 했다가 졸지에 범법자가 된 것이다. 식사를 제공한 측과 그것을 먹은 사람 모두 선거법위반인지 몰랐다고 말한다. 하지만 법은 시시비비를 가려 과태료로 50배의 처분을 내렸다. 제도가 있는 데도 이처럼 몰라서 또는 알면서도 법을 위반할 때가 있다.

어느 나라 법률이나 제도에도 부정부패를 하라는 내용은 없을 것이다. 우리나라 역시 마찬가지다. 부정부패방지법, 공직자윤리법, 공정거래법 등 수많은 법과 제도가 부정부패를 방지하고 있지만 부정부패는 계속 발생한다.

최근에는 [부정청탁과 금품 등 수수의 금지에 관한 법

률] 일명 '김영란법'이 국회를 통과해 2016년 9월에 시행될 예정이다. 그 범위와 내용을 두고 오랫동안 토론이 이어졌다. 공직자는 물론 기자 등 언론종사자, 사립학교와 유치원 임직원 등이 포함되었고 배우자도 처벌대상에 올라 300만 명 가까운 사람이 이 법의 적용을 받는다. 부정부패 관련 제도와 법 역시 시대에 맞게 변모되고 있다.

이 법이 통과된다면 과거보다 많은 사람이 경각심을 가지게 될 것이라고 생각한다. 그렇다고 부정부패가 뿌리 뽑히지는 않을 것이다. 아무리 철두철미한 제도와 법이라고 하더라도 언제나 예외는 있는 법이다. 그 예외를 이용하여 부정부패를 저지르는 것이다. 리더는 제도와 법의 이런 특성을 이해해야 한다.

선거법위반 과태료 50배 처분을 받은 시골마을처럼 으레 하는 행사라 착각하고 정말 몰라서 하는 부정부패는 주최 측 부주의에 대해 질책할 수 있고 교육을 통해 변화시킬 수 있다. 하지만 알면서 하는 부정부패는 제도와 법으로는 한계가 있다. 방법은 개인의 양심과 도덕성을 믿는 것뿐이다.

청렴강의를 하면서 이 점이 참으로 어렵다는 것을 절실히 느낀다. 개인의 양심과 도덕성은 정량적 평가로는 불가능한 수준이다. 또한 철저히 교육시키고 감시망을 펼친다 해도 마음만 먹는다면 허점을 파고들어 부정부패를 저지른다.

2010년 우리나라 대표사회복지단체인 사회복지공동모금회가 부정부패 때문에 모금활동에 큰 어려움을 겪었다. 보건복지부 감사결과 모금한 돈으로 업무와 워크숍과 상관없는 스키장, 래프팅, 바다낚시에 사용했고 일부 간부들은 '업무협조'명목으로 나이트클럽, 유흥주점 등에서 500만원 법인카드 결제를 했다. 또한 각종 공사에서 친인척 밀어주기, 허위출근부 작성, 퇴직직원이 차린 물류회사 일감 몰아주기 등 천태만상 비리를 보였다. 더 당황스러운 건 자체 감사결과 비리를 알았지만 모금활동에 지장이 생길까 공개하지 않았고 특별한 정화노력을 취하지 않았다고 한다.

모금활동에 회계 관련법은 엄격히 존재한다. 하지만 허점을 활용한 부정부패는 언제든지 일어날 수 있음을 잘 보여준다. 2010년 사회복지공동모금회에 큰 배신을 느낀 국민들은 모금활동에 냉대를 했고, 어느 겨울보다 추운 시간을 보냈다. 부정부패에 따른 당연한 결과이며 제도의 실패라 생각한다.

가끔 상상을 하곤 한다. 사람의 마음을 보는 현미경이 있다면 미리 부정부패하려는 마음을 제거하고 싶다는 생각도 해본다. 사실 제도가 실패하는 것은 개인의 양심을 통제할 수 없기 때문이다. 즉 제도와 법만으로는 한계가 있다. 개개인의 양심에 맡기기 위해선 사회적으로 세 가지 조건이 선행되어야 한다.

첫째, 공정한 룰이 있다는 걸 보여준다. 부정부패를 통해 부를 이루고 누구보다 당당하게 산다면 청렴한 사람은 허무함 그 자체일 것이다. 공정한 룰을 통해 부를 이루고 당당하게 살아가는 사람을 많이 만들고 그런 기회가 누구에게나 공평하다는 것을 보여줄 필요가 있다.

둘째, 청렴한 사람에게 제대로 된 대접을 해준다. 대접받는 것을 싫어하는 사람은 없다. 수많은 유혹을 뿌리치고 꿋꿋하게 청렴을 유지한 사람을 발굴하여 제대로 된 대접을 해줘야 한다. 그리고 우리사회는 그런 사람을 존중한다는 걸 보여줄 필요가 있다.

셋째, 교육을 넘어 체험으로 익히게 한다. 단순 교육만으로는 한계가 있다. 유혹을 이기기 위해 체험할 수 있는 방법을 찾아야 한다. 유혹의 순간 이기는 사람은 훈련이 된 사람임을 잊지 말자.

제도나 법에는 분명 한계가 있다. 예외는 언제나 있는 법이기 때문이다. 개인이 철저하게 양심을 지키며 제도와 법이 없더라도 청렴을 실천하는 그런 사회를 꿈꾸어 본다. 요즘 '국민 정서법'은 법보다 더 우위에 있는 감시망이다.

08

무엇이든
혼자 이룰 수 없다

과거 우리나라 명문집안에 빠지지 않는 일이 두 가지 있었다. 하나는 제사를 모시는 일이고 다른 하나는 접빈객 대접이다. 접빈객 대접은 지위를 막론하고 소중한 일이었다. 높은 사람이면 높은 대로 대접을 했고 평범한 사람이 오면 거기에 맞춰 대접했다. 단지 형식의 차이이지 손님을 귀하게 대접하는 마음은 같았다.

손님들 중 보부상이 오면 많은 정보를 흘리고 갔다. 과거에는 정보통신이 발달하지 않아 다른 지역 소식을 몰랐지만 보부상들이 주는 정보로 명문집안은 세상 돌아가는 걸 알았다. 그리고 정보 수집을 통해 다양한 일들을 실수 없이 처리할 수 있었다. 역시 사람을 귀하게 여기는 마음이 명문집안을 만든다는 생각이다.

시대가 변해도 모든 일은 사람으로 시작하여 사람으로 끝낸다. 사람이 모든 일에 중심인 것이다. 혼자 이룰 수 있는 일은 없다. 그래서 리더라면 지위를 막론하고 사람을 귀하게 여기고 사람을 따르는 법을 알아야 한다.

리더가 실패하는 것은 일을 못해서가 아니라 용인(用人)에 실패하기 때문이다. 용인에 실패한 이유는 사람을 따르는 방법, 사람을 귀하게 여기는 방법을 몰라서다. 그래서 아리스토텔레스는 사람을 따르는 문제에 대해 다음과 같은 말을 했다.

"남을 따르는 법을 모르는 사람은 결코 훌륭한 지도자
가 될 수 없다."

남을 따르는 방법. 즉 팔로워십이다. 최근 팔로워십의 중요성이 다시 강조되고 있다. 하지만 오래 전부터 리더라면 가져야 할 가장 기본적인 덕목으로 아리스토텔레스는 생각했었다. 그런데 맹목적 팔로워십을 강요하는 "좋아요"라는 증후군에 걸려본 적 있는가? 본인의 생각과 일상에 사람들이 끝없이 관심이 있기를 원하는 '조바심 중후군'이다.

타인의 관심이 우선인 조바심 중후군에 걸려있는 리더를 보면 씁쓸해진다. 반면 누군가와 뜻을 함께하고 행동하게 만드는 리더가 있다. 팀워크를 이끌어내면서 구성원들 스스로 조직에 영향력을 미치고 또한 자연스럽게 자기 자신에게도 충실해지는 법을 아는 리더다. 그것이 진정한 팔로워십이다.

진정한 팔로워십을 위해 선결되어야 할 일이 있다. 바로 서로 위태롭지 않아야 한다는 것이다. 둘 중 하나가 위태롭다면 만날 때마다 불편하다. 위태롭지 않기 위해선 청렴이란 단어가 필요하다. 부정부패를 일삼는 리더에게 올바른 소리를 하는 팔로워도 없을 것이다. 반대로 청렴하게 생활하는 리더에게 부정부패를 일삼는 팔로워도 있을 수 없다. 진정한 리더와 팔로워는 서로가 위태롭지 않다.

무엇이든 혼자 이룰 수는 없다. 리더가 비전을 제시하면 비전을 시행해줄 팔로워가 있어야 한다. 팔로워 역시 자신을 이끌어줄 리더가 있어야 한다. 서로가 서로를 도와야 무엇이든 이룰 수 있다.

서로를 돕기 위해선 신뢰가 가장 중요하다. 신뢰는 청렴함에서 나온다. 지금 무슨 일이하든 청렴부터 챙기자. 청렴하면 어떤 일, 어떤 사람이든 당당하고 신뢰를 줄 수 있다. 그래서 뛰어난 리더. 뛰어난 팔로워 모두 청렴을 먼저 챙기고 청렴하기 위해 스스로 조심했다는 사실을 기억하자.

09

자본주의에
가장 유해한 것은
천민정신이다

온 국민을 충격과 슬픔에 빠뜨린 세월호 사고를 두고 미국의 어느 기자는 이런 말을 했다. 안전을 최우선으로 생각해야 하는 교통수단을 돈벌이 수단으로 생각한 기업, 그걸 감시해 내지 못한 정부, 승객의 안전을 망각한 개인 모두의 잘못으로 세월호 사고가 터졌다. 세월호 사고의 중심에 돈으로 얼룩진 우리사회가 적나라하게 드러난 것이다. 미국기자는 자본주의 폐해를 보여준 나라라고 가슴 아프게 꼬집었다.

부정부패 화두에 빠지지 않는 건 사실 돈이다. 교환편리로 생긴 돈이 15세기 대항해시대가 열리면서 보험탄생, 은행설립 등 복잡하게 진화해갔다. 진화가 거듭되면서 자본주의 사상을 탄생시켰다. 시간이 흘러 우리는 실용과 효율을 최고로 생각하는 자본주의에 묻어 살고 있다. 하지만 자본주의를 넘어 천민정신으로 더 많이 움직이는 것 같다. 그리고 그 피해는 일반인들에게 고스란히 돌아가고 있다.

200여명의 사상자를 낸 경주 마우나리조트 붕괴사고. 갓 대학에 입학한 대학생들이 체육관에서 즐거운 시간을 보내고 있었다. 그런데 갑자기 많은 눈이 내리자 그 무게를 견디지 못한 천장이 무너져 내렸다. 아무리 눈이 많이 왔어도 건축설계는 눈 무게 하중을 예상해 설계하는 것이 기본이다. 대법원은 업무상과실치사 협의로 설계, 공사 책임자를 처벌했다. 또 시설안전관리자도 제설작업 미흡으로 처벌했다.

공사단가를 줄이기 위해 편법을 동원했고 그것을 감리업체가 눈감아 주었던 것이다. 관련 공무원 역시 제 역할을 하지 못한 종합적 인재(人災)인 셈이다. 처음부터 공사단가를 줄이겠다는 마음을 먹지 않았다면 이러한 인재는 발생하지 않았을 것이다. 돈에 눈먼 몇 사람 때문에 피어보지도 못한 대학생 10명이 희생되었다.

돈은 우리에게 꼭 필요하다. 또한 그것을 효율적으로 운영하는 자본주의 역시 우리를 풍요로운 삶으로 인도했다. 하지만 지금 우리는 돈에 따라 모든 것이 돌아가는 사회가 되었다. 그렇기에 돈의 유혹은 참으로 매혹적이다. 하지만 너무나 매혹적이기 때문에 부정부패에 직접 연관된다.

청렴한 사회를 보여주고 교육해야 할 교육 기관에서도 부정한 돈의 유혹을 이기지 못해 부정부패가 만연하다. 한 때 정교수채용에 구체적으로 얼마가 필요한지 뉴스에 나온 적이 있다. '지방사립대 1억, 지방 국립대 2~3억…' 금액을 보면 박사과정을 거치고 시간강사로 뛰고 있는 박사들에게는 엄두를 내지 못하는 금액이다. 그것 역시 오랜 시간 한 교수에게 충성을 해야지만 제의가 돌아온다는 것이다. 교육의 상아탑을 가르치는 교수 자리를 돈으로 주고받고 있는 현실이다. 그 돈을 메우기 위해 교수들은 학생들에게 어떻게 할까.

모 체육학과 교수가 제자들에게 돈을 요구했다가 경찰에 체포되었다. 만연한 체육교육 비리인 것이다. 고등학교 졸업 후 입학할 때 돈을 요구하고, 대회출전할 때도 돈을 요구했고, 프로구단 추천할 때 역시 돈을 요구한 것이다. 이런 상황에서 누가 의욕을 가지고 스포츠발전에 힘을 쓸까?

부정부패에는 언제나 돈이 연관된다. 사실 돈은 죄가 없다. 그것을 운영하는 사람의 죄이다. 부정부패를 줄이기 위해선 돈에 대한 재정립이 필요하다. 우선 정직하게 벌지 못한 돈은 반드시 탈이 난다는 인식부터 심어주자. 부정하게 번 돈은 반드시 내 목을 죄여온다. 단지 빨리 아는 죄이냐, 늦게 아는 죄이냐의 차이일 뿐이다.

우리말에 '개같이 벌어서 정승처럼 산다'라는 표현이 있다. 사전에서 찾아보면 '돈을 벌 때는 더럽고 천한 일이라도 하여 벌고, 쓸 때는 떳떳하고 보람 있게 쓰는 경우'를 비유적으로 이른다. 이런 개같이 번 돈은 두 가지의 의미로 나눠볼 수 있다. 첫째는 '매우 어려워 남들이 하기 싫어하는 일을 고통스럽게 해 냄으로써 번 돈'이다.

그런데 또 다른 의미로 '과정이 옳지 못한, 다시 말해 부정한 방식으로 번 돈'이라는 의미도 있다. 똑같이 개처럼 번 돈이라 하더라도 전자를 통해 번 돈과 후자의 방식을 통한 돈은 전혀 다른 의미로 사용된다. 이 둘은 각각 어렵게 번 돈과 더럽게 번 돈일 것이다.

중국 중산(中山)대학의 신웨 저우 교수 연구진, 네덜란드의 니콜 메아드 교수, 그리고 미국 플로리다 주립대학의 로이 바우마이스터 교수 등 다양한 나라의 심리학자들이 최근 재미있는 연구 결과를 공동으로 발표했다.

이 연구자들이 한 다양한 실험의 결과는 한결같다. 이들은 '더러운 돈에 어떻게 가치를 매기는가'에 관해 알아봤다. 더러운 돈(dirty money). 실제로 영어권 국가에서도 이 표현을 쓴다. 그리고 모두 같은 뜻을 의미한다. 도덕적으로 옳지 않은 일을 통해 얻은 돈을 말할 때 쓴다. 이들의 재미있는 실험을 한번 들여다보자.

먼저, 사람들에게 이렇게 이야기해 준다. "당신은 50 달러짜리 상품권에 당첨되었습니다. 그리고 그 당첨금은…." 여기서부터 사람들이 받는 정보가 달라진다. 어떤 사람들에게는 그 돈이 일반적인 기업에서 제공하는 상품권이라고 이야기를 해준다. 이 사람들이 속한 집단은 깨끗한 돈 집단(clean money group)이다.

나머지 절반에 해당하는 사람들에게는 같은 금액의 상품권이 도덕적으로 문제 있는 기업이 제공한 것이라고 말해준다. 즉 더러운 돈 집단(dirty money group)이다. 이를 위해 그 기업이 도덕적으로 문제가 있음을 고발하는 기사를 읽게 한다.

그리고 두 집단 모두에게 그 상품권으로 살 수 있는 생필품의 개수와 종류를 묻는다. 그 결과는 뚜렷한 차이로 나타났다. 예를 들어 깨끗한 돈 집단에서는 그 상품권으로 우유, 빵, 과자, 아이스크림 등 종류도 다양하고 많은 양의 물건을 살 수 있다고 응답한 반면, 더러운 돈 집단에서는 같은 금액으로 개수와 종류에 있어서 절반 정도에 해당하는 것만 살 수 있다고 답한 것이다. 다시 말해 사람들은 더러운 돈에 대한 가치를 평가 절하했다. 게다가 더러운 돈은 사람들을 더 이기적으로 만드는 것으로도 나타났다. 더러운 돈을 받으면 타인에게 나눠주거나 공평하게 동료와 분배하려는 경향이 훨씬 더 약하게 나타났다. 이렇듯 더러운 돈은 사용하기도, 나눠주기도 어려운 돈이며 사용하지 못할 돈을 가지고 있는 사람 역시 불편하다.

돈은 우리 삶에 유용함을 넘어 풍요롭게 해주는 고마운 존재다. 하지만 부정하게 얻은 돈은 제대로 사용하지 못하며, 자신을 이기적인 존재로 만들어버린다. 정직하게 벌면 손해 본다는 생각은 과거 유물이 되었다.

우리 주변에 정직한 경쟁에서 승리해 경제적 풍요를 누리는 사람 역시 많다. 자본주의는 이런 점을 극대화하는 시스템이다. 천민정신을 버리고 정직한 경쟁으로 청렴한 사회가 되길 희망해본다.

10

한국은
부정부패 발표 앞에
늘 부끄럽다

국가별 통계발표를 하면 우리나라는 OECD(경제협력개발기구)국가와 비교한다. OECD는 세계 34개국이 가입되었고 세계의 리더 역할을 하고 있는 나라라는 인식이 있다. 그 속에 우리나라가 있다는 것이 자랑스러운 일임은 분명하다. 하지만 통계를 비교하면 부끄러울 때가 있다.

특히 자살율과 부정부패 지수를 발표할 때다. OECD 국가 중 자살율 통계를 정리한 이후 우리나라는 부동의 1위를 차지하고 있다. 그만큼 우리사회가 팍팍해졌다는 뜻이다. 또한 부정부패 지수를 발표할 때 늘 하위권에 머물고 있어 경제규모가 맞지 않는 부끄러운 통계다.

국가적 수준의 부정부패를 발표할 때 국제투명성기구(TI: Transparency International)를 활용한다. TI의 조사내용은 크게 4가지인데 간단히 살펴보면 '관리의 뇌물수수', '공공획득사업 커미션', '공공자금 횡령', '공공 반부패노력의 효율성'을 조사한다.

조사결과는 CPI와 BPI 두 개 분문으로 발표한다. CPI는 14개 항목으로 공직자 부패인식지수를 볼 수 있고, BPI 기업의 뇌물제공성을 측정하는 것이다.

2014년 한국은 부패인식지수 100점 만점에 55점을 받아 175개국 중 43위를 기록했다. OECD국가는 27위로 최하위권이다. 부패인식지수가 50점이면 절대부패로 불리는데 55점이라 절대부패는 아니지만 근접한 수준이다. G20에 들어갈 정도로 막강한 국력을 자랑하지만 부정부패 점수 앞에선 부끄러운 수준이다.

우리나라의 지하경제 규모가 GDP대비 25% 가량이라는 것이 정설이다. 최내30%까지 추산하는 기관도 있다. 여기에 세금탈루와 부정부패로 GDP 8%의 돈이 증발되고 있다. IMF출처 2014년 한국의 GDP는 1500조 원 가량으로 세금탈루, 부정부패로 200조 가량이 사라지고 있다. 거기에 지하경제까지 포함한다면 어마어마한 돈의 출처가 불분명해진다. 조세정의 역시 물 건너간 것이다.

국가운영을 위해선 돈이 필요하다. 국방도 돈이고, 복

지도 돈이며, 교육도 돈이다. 배분된 돈의 운영 차이일 뿐 돈은 국가운영에 꼭 필요하다. 그리고 리더는 국가를 운영하는 사람이다. 이렇게 부정부패로 생긴 돈의 공백은 통치에 부정적인 영향을 미친다.

부정부패에 관한 인터넷 뉴스를 보면 자주 등장하는 네티즌 댓글이 하나 있다. 바로 "나라에 돈이 없는 게 아니라 도둑이 많은 거다."란 댓글이다. 모 정치인의 말을 인용한 것인데 발표되는 부정부패 통계를 보면 댓글에 고개가 끄덕여진다. 우리나라는 세계가 부러울 정도로 경제성장과 민주화를 함께 이룬 나라다. 다른 나라는 200년 동안 해야 할 일을 우리는 50년으로 압축시켜버렸다. 거기에 따른 부작용도 많다. 하지만 경제규모에 비해 부정부패가 심하다는 걸 인식해야 한다.

부정부패가 많으면 국정운영의 효율성도 떨어지고 박탈감 때문에 활력 역시 떨어진다. 그 대가들이 통계를 통해 발표되고 있다. 우선 통계를 보고 문제로 인식을 하자. 덮어버리면 그것으로 끝이다. 매년 발표되고 있는 통계가 주는 의미를 읽고 그것을 적극적으로 대체해 나가야 할 것이다.

11

부정부패는
지위고하를 막론하고
일어난다

윤흥길 작가의《완장》이란 소설이 있다. 완장은 인간 권력탐욕의 모습을 담은 풍자성 소설이다. 주인공 임종술은 가난하게 태어나 노점상, 포장마차, 미군부대 물건 빼기 등 험한 일을 하다가 고향으로 돌아온다. 고향에 돌아와 농사지을 땅이 없어서 빈둥거리고 있는데 마을 저수지 사용권을 얻은 최사장이 저수지 관리를 부탁한다.

자존심이 강한 임종술은 감시원 자리를 거절했지만 '완장'을 준다는 말에 그 자리를 맡는다. 그가 태어나 처음 손에 쥐는 권력이다. 임종술은 저수지에서 낚시질을 하던 도시인 남녀에게 기합을 주고 밤에 몰래 낚시하던 초등학교 동창과 그의 아들을 폭행한다. 시간이 갈수록 완장이 주는 힘과 권력에 더욱 심취된다. 권력 심취가 심해지자 자신을 고용한 최사장에게도 낚시를 금지시켜버린다. 화가 난 최사장은 임종술을 저수지 감시원 자리에서 쫓아낸다.

이 소설은 인간의 끊임없는 탐욕을 풍자해서 담았다. 때에 따라서 힘과 권력을 적절하게 사용해야 하지만 그것에 심취해버리면 자신을 파멸로 끌고가게 된다. 부정부패 사건도 비슷하다. 시작부터 상상을 초월한 부정부패 사건은 없다. 대부분은 아주 작은 부정부패에서부터 시작된다.

'바늘 쌈지(상자)에서 도둑이 난다.'는 속담이 있다. 얼마 전 이 속담과 같은 사건이 하나 발생했다. 주운 신용카드로 1000원 단위의 소액을 결제했다가, 나중에는 수십만 원 상당의 자동차 타이어까지 구입하려던 60대 남성이 경찰에 덜미를 잡힌 것이다.

입건된 김씨는 어느 날 오후 00동의 한 도로에서 땅에 떨어진 신용카드를 발견했다. 신용카드를 주운 김씨는 문득 '이 카드로 물건을 사면 결제가 될까'라는 호기심이 생겼다. 그는 곧장 근처 편의점에 들어가 실험을 해봤다. 담배 한 갑을 골라 계산하자 아무런 문제없이 결제가 됐다. 상품이 구입되자 김씨는 '공짜'라는 즐거움과 '범죄'라는 두려움 사이에서 심하게 갈등했다.

하지만 발걸음은 어느 새 00동의 한 마트에 닿아 있었다. 이번에는 담배 한 갑보다 비싼 식료품을 구입했다. 한 번의 장보기로 범행을 멈추는 것이 아쉬웠던 김씨는 같은 마트에서 또 한 번 장을 봐 총 10여만 원어치의 생필품과 식재료를 샀다.

김씨의 욕심은 점점 더 커졌다. 다음 목적지는 주유소 였던 것. 그는 자신의 SUV차량에 5만 원어치 기름을 주입했다. 기름을 채우고 보니 차량의 낡은 타이어가 눈에 들어왔다. 김씨는 더욱 과감해졌다. 같은 날 오후 6시께 근처의 타이어 판매점으로 가서 70만 원 상당의 새 타이어를 사기 위해 카드를 내밀었다.

하지만 김씨의 '공짜 쇼핑'은 카드 결제 승인이 거부되며 막을 내렸다. 카드 주인인 최모씨가 카드사에 분실신고를 했던 것이다. 그 맛에 심취하게 되면 결국 스스로를 파멸로 이끌게 된다. '작은 물방울이 소낙비를 이룬다'는 말이 있고 '물이 바위를 닳게 한다'는 말도 있다. 또한 작은 물줄기는 반드시 큰 바다를 만들어내게 되어 있다.

우리는 사회특권층 부정부패 뉴스를 보면 화가 날 때가 많다. 그럼 거꾸로 평범한 사람들의 뉴스를 보자. 뉴스에서 1990년 지하철 부정승차실태와 2016년 지하철 부정승차실태를 보도했다. 1990년은 부정승차를 위해 담벼

락을 뛰어다녔다면 25년이 지난 2016년은 성인이 학생 카드를 사용하고, 한 교통카드로 두 사람이 지나가는 등 변화 된 게 없다고 지적했다. 최근 4년 전 보다 부정승차 벌금이 70%가 증가했다는 보도도 이어졌다. 평범한 사람 이라 해서 부정부패에 자유로울 수 없다. 액수의 차이 일 뿐 지위고하를 막론하고 부정부패가 일어난다.

청렴의 사전적 의미는 '성품과 행실이 맑고 깨끗하며 재물 따위를 탐하는 마음이 없는 것이다.'란 뜻이다. 마치 '탐욕'이란 단어에 일침을 가하는 듯하다. 탐욕은 남녀노 소 할 것 없이 태어나 죽을 때까지 수천 번 사용하는 내 안의 권력욕인 것이다. 이 짜릿한 맛을 본다면 지위고하 를 막론하고 그 즐거움에 빠지게 된다. 그리고 그 즐거움 은 너무나 순식간에 일어난다.

한 기업체에 강의를 갔다가 담당 과장과 식사를 함께 한 적이 있다. 과장은 식당에서 거스름돈을 돌려받으며 사장의 실수로 만 원이 더 딸려 온 것을 알았다. 과장은 재물을 탐하는 사람이 아니었다. 강직한 공직자로 성품과 행실이 맑고 깨끗하며 재물에 흔들리지 않는, 내가 알고 있는 몇 안 되는 공직자 중 한 분이었다. 하지만 그 순간

우리는 사장이 혹시나 불러 세울까봐 발걸음을 재촉한 적
이 있다. 부정을 저지르는데 과장과 나의 지위는 중요하
지 않았다. 단지, 한순간에 부정부패의 불씨가 당겨진 것
이다. 이렇게 유혹은 아주 작은 것에서부터 시작된다.

　우리사회는 만연한 부정부패에 시달리고 있다. 언론
에선 고위직 부정부패를 주로 다룰 뿐이지 우리 이웃의
많은 사람들도 부정부패를 일삼는다. 중견기업에 다니는
지인이 최근 회사에서 있었던 일화 하나를 이야기해 주
었다. 과거의 회사는 근무시간을 타이머기계로 기록했는
데 기계를 조작해 부당한 시간 외 수당을 첨부하자 지문
인식기계로 바꾸었다. 그러고 나자 기계조작은 불가능해
보였다.
　하지만 직원 한 명이 경비직원과 결탁해 실리콘으로 만
든 가짜 손가락을 사용해 시간 외 수당을 받았다가 적발
된 것이다. 지인은 그런 머리로 일에 집중했다면 성공했
을 거라고 말하며 혀를 찼다. 이것 역시 심각한 부정부패
다. 뉴스에 나오는 부정부패와 금액차이만 있을 뿐 심각
한 현상이다. 그리고 이런 이야기기의 주인공은 어쩌면
우리 이웃의 이야기일지도 모른다.

우선 우리는 유혹 앞에 나약한 존재임을 인정하자. 하지만 그것이 면죄부가 되어서는 안 된다. 나약한 존재임을 인정하면 훈련의 필요성을 느낄 것이다. 훈련을 통해 유혹이 왔을 때 대체하는 방법을 익히고 프로세스에 맞게 행동하면 된다.

"윗물이 맑아야 아랫물이 맑다"고 한다. 만약 회사의 상사라면 윗물이 되는 셈이고 부모라면 아이들에겐 윗물이 되는 셈이다. 신입사원이라도 대학생들이 볼 때는 윗물이 된다. 어쩌면 우리 모두는 누군가에게 윗물이다. 내가 윗물이라는 사실을 주지하고 스스로 조심하고 정비할 필요가 있다.

—

—

청렴한 리더만이
세상을
변화시킬 수 있다

01

망국에 이르는 병,
부정과 부패

좋은 일이든 나쁜 일이든 모든 일에는 징후가 따른다. 징후를 읽는다면 좋은 일은 더 크게 만들 수 있고 나쁜 일은 예방이 충분히 가능하다. 좋은 일의 징후를 놓치면 아쉬울 뿐이지만 나쁜 일의 징후를 놓치면 큰 손해를 볼 수 있다. 그래서 나쁜 일의 징후는 빨리 찾아 고쳐야 한다.

망국지음(亡國之音)이란 말이 있다. 세상이 어지러울 때 들려오는 원망과 분노에 찬 우리 선조들이 불렀던 노랫말이다. 고려 말, 가진 자들은 배가 터지도록 더 가지길 원했고, 백성들은 끝없는 핍박을 받으며 고통 속에서 몸부림을 쳤다. 고려 시대 구전가요 '청산별곡'은 대표적인 망국지음이다.

망국지음은 '망한 나라의 소리'를 뜻한다. 나라를 멸망의 길로 내쫓는 노래로서 음란하고 사치스럽거나, 곡조가 슬픈 음악을 가리킨다. 본래 이 말은 '망하려는 나라의 음

악은 슬프고 생각에 잠겨 있으며 그 백성은 곤궁하다'에
서 나온 말로, 망국의 시기에는 노래도 시대적인 울분을
담고 있다는 뜻이다. 예기라는 책에서는 '음악'에 관해 이
렇게 기록해 놓았다.

"음악은 사람의 마음에서 생겨나는 것이다."

— 예기(禮記)

마음에서 감정이 생겨나게 되고, 그것이 움직이는 대
로, 곧 소리로 나타나는 것이다. 소리를 글처럼 표현해내
는 것을 음악이라고 한다. 따라서 세상이 잘 다스려지고
있을 때는 화평하고 즐거운 음악이 생겨나게 되고 정치도
바르게 행해지고 있다고 생각하면 되는 것이다. 그러나
세상이 어지러울 때는 원망하거나 분노에 찬 음악이 생겨
난다고 하니, 그것은 바로 나라의 정치가 바르게 행해지
지 않기 때문이라는 것이다.

지금 시대에는 망국지음을 무엇이라고 생각할 수 있을
까? 단연 부정부패 소식이다. 그리고 부정부패 소식을 듣
고 평을 내리는 일반 시민들의 목소리일 것이다. 부정부패
때문에 망국으로 가는 다양한 징후들을 포착해야만 한다.

국가부도 사태까지 선언한 그리스에도 망국지음이 있었다. 모 언론에서 그리스 부도를 진단할 때 연금생활자(전체인구23%, 260만명)의 비율이라고 평가했지만, 그리스의 연금 인구비율은 OECD평균 정도에 불과했다. 현장을 직접 찾아간 MBC [PD수첩]에서는 그리스 부도에 대해 다른 진단을 내렸다. 바로 부자들의 탈세와 정치인의 부정부패였다.

자영업자들은 제대로 소득신고를 하지 않았고 정부 또한 부패를 제대로 바로잡으려고 하지 않았다. 특히 고소득 자영업자들은 저소득이라고 신고하는 행위를 일삼았다. 하지만 단속이나 변화가 없었다. 탈세한 수입은 스위스 계좌에 입금했다. 그 추정금액이 960조 가량이나 된다.

또한 안보에도 부정부패가 심했다. 독일, 프랑스에서 무기들을 들여왔는데 부실한 감독으로 인해 20조 원이 넘은 돈으로 수입해 온 잠수함이었지만 잦은 고장이 생겨나기 일쑤였다. 그 과정에서 엄청난 리베이트가 있었을 것이다.

[PD수첩]의 방송 마지막 장면에서 한 대학생에게 질문을 한다. 이 사태에 대해 누구에게 문제가 있는지 인터뷰를 한 것이다. 이 때 그 대학생이 한 말이 가슴에 와 닿

았다.

　"우리 모두에게 있다. 정치인도 잘못했지만 상황이 얼
　마나 심각한지 깨닫지 못했던 우리들도 잘못이다."

　부정부패에 관한 뉴스가 끊임없이 쏟아지고 있다. 끊
임없이 쏟아지고 있기 때문에 점점 망국지음에도 무뎌져
가고 있는 것은 아닌지 생각해볼 일이다. 정치인, 공무원,
군인, 기업 등 다양한 곳에서 부정부패가 발생하고 있다.
분명한 건 망국은 '함께'라는 것이다. 징후가 왔을 때 발
본색원하지 않으면 원인이 누구에게 있든지 함께 망국을
경험할 수밖에 없다.

02

법도 못 믿는데
제도는 믿을 수 있을까

중학교 시절 사회시간에 '헌법, 법률, 명령, 조례, 규칙'을 암송했던 기억이 있다. 그리고 우리나라는 법치국가로서 법으로 다스린다는 점을 배웠지만 별로 실감이 나지 않았다. 시간이 흘러 세계뉴스를 볼 때 법치가 뒤집혀 '군정'이나 '무정부'가 다스린다는 소식을 들으면 법치가 얼마나 소중한지를 생각하게 된다.

얼마 전 세상을 떠들썩하게 했던 사건이 있었다. 바로 '세 모자' 사건이었다. 자신의 신분을 숨기기 위해 선글라스와 모자를 눌러 쓴 채 세 모자가 기자회견을 했다. 남편을 포함한 시댁식구들의 성폭행을 폭로한 것이다. 기자회견에서는 '성폭행, 마약, 집단강간' 등 자극적인 단어들이 걸러지지 않은 채로 마구 쏟아져 나왔다. 그리고 경찰이 곧장 수사에 들어갔다.

결론은 세 모자의 자작극으로 무혐의 처분을 내렸고 수사를 종결했다. 문제는 그 이후였다. 시댁식구들이 돈으로 경찰에게 로비를 했고, 그 후에 무혐의 처분을 내렸다고 세 모자가 폭로한 것이다. 인터넷 상에는 믿었던 경찰의 부패에 대해서, 또 권력층의 로비와 세 모자를 동경한 글들이 쏟아져 나왔다. 이 문제를 오랫동안 취재해온 SBS 〈그것이 알고 싶다〉에서는 상세한 동행보도가 나왔다. 방송에서는 경찰의 결론대로 세 모자의 자작극인 것으로 판명이 났다.

세상을 뒤집어놓은 자작극을 보면서 두 가지의 생각을 해보았다. 첫 번째는 자작극이 아닌 실제사건으로 정말 비슷한 일이 벌어지고 나서 누군가가 도움을 청한다면 그 다음번에는 의심의 눈초리를 보내는 것이다. 두 번째는 어쩌다가 국민들이 경찰의 발표보다 〈그것이 알고 싶다〉란 방송을 더 신뢰하게 되었을까. 우리 사회는 지금 정상적인 수사를 하고 발표를 하더라도 믿지 못하는 불신이 팽배해 있다.

헌법을 필두로 규칙까지 있다. 국민이면 누구나 엄연히 지켜야 할 것들이 있다. 경찰수사의 발표 역시 법에 의거해서 한 발표이다. 하지만 우리 국민들은 그것을 믿지 못한다. 그럼 어떻게 해야 할 것인가. 방법은 한 가지, 바로 의식의 변화가 필요하다고 하겠다.

우리나라에서는 법은 입법부가 만든다. 입법부는 국회다. 우리나라 사람들이 부정부패라고 말하면 가장 먼저 머릿속으로 떠올리는 직업은 정치인일 것이다. 과거에 비해 투명하다고들 말하지만 법을 만드는 사람조차도 법을 지키지 않고 있다. 설사 그것을 어기더라도 자신의 특권을 활용해 법의 심판을 벗어난다. 그렇다면 제도를 만드는 지자체를 돌아보자. 청년실업을 위한 제도, 출산율 장려를 위한 제도, 결혼 장려를 위한 제도 등. 다양한 제도들이 지자체에서 발표한다. 저자의 경우 결혼 장려를 위해서 국가가 주선하는 미팅 제도에 시선이 머문 적이 있다. 과연 실행이 될 수 있을까. 이 제도가 장기적으로 타당성이 있는 것일까. 모든 미혼 남녀들에게 연락이 다 되기나 할까. 때론 조금 당혹스러운 제도에 관심이 가는 이유는 뭘까. 가끔 결과를 향한 집착이 되기도 한다. 제도는 그래서 보이기 식의 제도가 아니라 신중에 신중을 기해서 만들어져야 한다. 그리고 무슨 일이 있더라도 반드시 지켜져야 하는 것이다.

이렇게 법, 제도를 만드는 일부 사람들이 안타깝게도

법, 제도를 불신하도록 만들어가고 있다. 법을 만드는 사람, 그리고 그것을 지켜야 하는 사람 모두 의식이 변화되어야만 한다. 의식이 변화되는 것은 하루아침에 되는 것이 아니다. 가치관이 변화되어야 하기 때문이다.

또 가치관이 변화되려면 근본이 바뀌어야 한다. 심성이 변화되어야만 근본이 바뀌는 법인데 타고난 심성을 바꾸기란 쉽지 않다. 즉, 인격이 바뀌어야만 하는 것이다. 다행히 교육과 환경은 사람의 인격을 바꿀 수 있다. 청렴에도 교육이 필요한 이유가 여기에 있다.

또한 현실을 바탕으로 하지 않는 탁상공론의 법, 제도는 실행될 수가 없고 국민에게 실망감과 허탈감을 안겨주며 나아가 불신감까지 갖게 하고 결국 정치에 대한 무관심으로 치닫게 할 수도 있다.

03

비정상적으로
획득한 권력은
뿌리가 단단하지 않다

생각지도 못한 반전으로 사람들에게 재미를 주는 8컷 만화 〈츄리닝〉이 있다. 이 만화에는 우리나라의 현실을 보여주는 패러디가 종종 나오곤 한다. 아직도 잊혀지지 않는 패러디가 하나 있다. 홍길동이 달을 보며 울고 있었다. 그 모습을 본 아버지는 홍길동에게 다가가 왜 우는지 묻는다. 홍길동은 말했다.

"아버지를 아버지라 부르지 못하고, 형님을 형님이라 부르지 못해 울고 있습니다."

고 말하자 아버지는 이렇게 말한다.

"내 너의 마음을 헤아리지 못했다. 이제 너는 내 아들이다."

하며 훈훈하게 부자의 정을 나눈다. 다음 장면에서는 반전이 나온다. 외교부 특채 면접장에 홍길동이 서 있고 면접관이 깜짝 놀라며 말한다.

"어. 그래 네가 정조판서 아들 홍길동이라고... 너는 합격이다."

당시 나라를 떠들썩하게 했던, 특채비리 의혹을 겨냥한 패러디 만화였다. 작가의 상상력에 놀랐고 한편으론 무언가 씁쓸함을 남겼다. 흙수저를 속상하게 만드는 금수저 논란 만화였던 것이다.

2010년도는 정부에서 '공정한 사회'를 외치던 시기였다. 모 외교부통상부장관의 딸이 외교부 특채에 단독 합격한 사실이 언론에 보도되었다. 외교부통상부는 적법절차에 따라 채용을 했는데 무엇 때문에 그러느냐는 반론을 제기했다. 하지만 특채과정에서 여러 가지 의혹이 밝혀지게 되었고 장관은 결국 옷을 벗어야만 했다. 아무리 실력이 좋아도 비정상적으로 얻은 권력은 쉽게 무너진다는 사실을 확인할 수 있었던 사건이었다.

누군가는 역사를 '도전과 응징의 반복이다'라고 말했다. 도전이 일어난 시기를 보면 좋은 일자리 또는 좋은 벼슬은 세습이 심했다는 사실을 쉽게 알 수 있다. 좋은 일자리의 세습이 반복되다 보면 기회를 잃은 젊은이들은 상대적으로 박탈감이 쌓이게 되고 결국 '뒤집어엎자'로

도전한다. 도전이 반복되면 권력의 뿌리는 흔들릴 수밖에 없다.

지금 대한민국은 인구론(인문계 90% 논다), 취업깡패(다른 학과보다 취업이 잘되는 학과)로 대변되는 청춘들의 취업상황은 정말 심각하다. 취업은 그야말로 '바늘구멍'인 상황에서 대기업, 관공서, 은행원 등 알아주는 기업들의 취업 경쟁률은 평균 100:1을 넘나든다.

하지만 일반 취준생들과는 다른 방법을 선택하는 사람들도 있다. 일명 '낙하산'이라 부르는, 엄청난 높이에서 사리탐욕을 가득 싣고 목적지까지 단숨에 내려오는 사람들이다. 그들은 비정상적인 절차와 관행을 일사천리로 승인하고 나선다. 사람들의 비윤리적 관심을 존경어린 시선쯤으로 여기며 기업의 윤리 경영에 오점을 남긴다.

공든 탑이 무너질 수밖에 없는 이유는 간단하다. 아무리 탁월하고 유능한 인재가 모인 기업이라 할지라도 뿌리가 투명하고 단단하지 못한 누군가가 있다면 그로 인해 균열을 만들게 되는 것이다. 실제로 우리 주변에는 이런 일들이 비일비재하다.

비정상적으로 얻은 권력으로 균열이 일어나 시작조차 못한 일도 있다. 막강한 힘을 휘두를 수 있는 어느 조합의 조합장이 낙하산 인사로 홍역을 치르고 있다. 노조는 조합장이 낙하산이라며 자진 퇴진을 요구하고 있다. 조합장 선임은 민주적인 절차를 무시한 밀실 인사로 규정한 것이다.

안타까운 건 취임도 제대로 하기 전에 벌써 삐걱대고 있는 것이다. 비정상적으로 획득한 권력에는 감시의 눈도 많고 불협화음도 많은 법이다. 무엇이든지 비정상적이거나 억지스러운 일이 잘 되는 것을 본 적 있는가. 자연스러운 것이 좋다.

어떤 곳에 사람을 심는 것도 마찬가지다. 순리대로 일을 처리해 나가는 것은 더 나은 인재를 채용할 수 있는 열린 마음과 제도에 있다. 그리고 그것으로 인해 모든 이가 손해를 보거나 억울함을 갖지 않고 덕을 볼 수가 있다.

04

기백(氣魄),
배경에 문제 있다면
기백도 없다

과거 동양권에서 리더는 장수(將帥)를 말했다. 장수는
전장에서 싸우는 장군을 말한다. 장군의 종류에는 네 가
지가 있다.

첫째, 용장(勇將)

둘째, 덕장(德將)

셋째, 지장(智將)

넷째, 맹장(猛將)

전쟁여건, 군대특성 등 각 환경에 맞는 장수가 배정되
었기에 어느 장수가 옳다고는 말할 수 없다. 장수의 종류
는 각기 다르지만 모든 장수에게 꼭 필요한 것이 하나 있
다. 바로 기백이다. 어느 장수라도 기백이 있어야 조직을
움직일 수 있다. 기백이 있는 장수에게 부하들은 목숨을

바칠 수도 있고, 그의 전략을 굳게 믿고 전쟁터로 나아가는 것이다.

시대가 변해 장수는 곧 리더가 되었다. 리더 역시 기백이 있어야 그가 제시하는 길에 부하들이 따르게 되고 때에 따라 손해도 감내하게 된다. 리더가 기백이 없다면 부하들이 업신여기거나 추진하는 일에도 소극적일 수 있다. 리더에게 있어서 당당한 기백은 필수조건이다.

얼마 전 후배와 함께 점심식사를 했다. 그 후배는 3개월 전 모 제조업체의 품질관리팀에 입사했다. 대화하는 도중 자연스럽게 화제가 회사 쪽으로 흘러갔다. 그 회사의 생산팀 안에는 다양한 부서가 있고 각 부서에도 팀장이 있었다. 그리고 생산팀을 총괄하는 수석부장이 있는 조직이었다. 사무실은 한 공간을 사용했다. 후배가 입사하던 날 수석부장은 그에게

"젊은 사람이니 큰 꿈을 가지고 열심히 일해"

라고 격려해주었다. 신입사원이라 의욕을 가지고 일을 시작했는데 한 달쯤 지나자 수석부장은 후배가 '과연 저 사람이 직장인이 맞나?' 싶게 여길 정도로 불성실한 모습을 보였다. 근무시간에 사라지는 건 다반사고 스마트폰의 주식 어플을 코앞에 들이밀고 보여주며 "주식이 올랐다!"

라고 큰소리로 자랑까지 하고 다녔다.

가장 이해할 수 없었던 건 직원들의 귀에 '톡... 톡' 소리가 다 들리도록 손톱, 발톱을 사무실에서 깎는 것이었다. 그런 행동에도 불구하고 사무실의 직원 어느 누구도 그에게 관심을 두지 않았다. 술자리 풍문으로 들으니 수석부장은 사장 처형이었고 협력업체에서 검은 돈도 상당 부분 받는다는 말이 나돌았다.

후배는 직장생활을 처음 해봐서 이게 정상적인 것인지, 비정상적인 것인지 도무지 모르겠다는 말을 내뱉으며 몹시 의아해했다. 확실한 건 큰 꿈을 가지고 운운하는 말이 최근 유행하는, 꼰대들이 신입사원들에게 하는 말이라고 결론 내리며 씁쓸한 웃음을 지었을 뿐이다.

후배의 말을 듣고 나서 수석부장이 사장 가족 여부를 떠나서 만약 어떤 일을 추진한다고 하면 부하직원들이 그를 전폭적으로 믿고 따라줄까 고민했다. 사무실에서 일은 안 하고 손톱, 발톱을 깎아대는 리더가 믿을만한 사람인지를 판단하는 건 개인의 몫이지만 수석부장은 리더로서의 기백을 잃은 것만은 확실했다.

배경에 문제가 있다면 기백은 소용없다. 반대로 청렴하다면 리더의 기백은 강한 무기가 될 수 있다. 명조시기

(1368~1644년) 왕박이라는 관리가 있었다. 어느 날 왕박 동생이 선물 받은 소소한 의복을 왕박에게 보낸다. 왕박은 선물을 돌려보내며 꾸짖듯 동생에게 말한다. "의복 한 견일지라도 비록 그것이 아무 것도 아닌 것 같지만 조심하지 않을 수 없다. 왜냐하면 이것은 바로 더러운 것에 손을 대는 것과 같으며 자신을 모욕하는 행위의 시작이기 때문이다."

작은 것이라도 부정하게 얻은 것은 자신을 모욕하는 행위로 판단한 것이다. 그 후 청렴을 무기로 백성을 편안케 했는데 갖고 있는 재산은 의복 한 벌이었고 식사에서 반찬 두 가지 이상 올리지 못하게 하는 등 솔선수범하며 공직의 모범이 되었다.

또 왕박은 시기한 누군가의 모함으로 하옥된다. 하옥 중에도 부하들이 보내온 재물을 받지 않았다. 감옥 안에서도 청렴했던 왕박은 결국 모함이 풀려 고향에 돌아가 말년을 보낸다. 왕박은 자신을 엄격히 단속하였고 미세한 일조차도 자신의 청백을 물들이지 못하게 했다. 덕망이 높은 왕박은 자신의 훌륭한 일생으로 후세의 사람들에게 청렴하고 고상한 덕성을 증거했던 것이다.

리더가 기백이 있으려면 직무에 따른 기본을 해야 한

다. 자기 일도 제대로 못하는데 누구에게 지시를 내리고 따르라고 말하겠는가. 배경에 문제가 있다면 리더는 기백을 가지지 못하게 된다. 앞에선 복종할 수 있어도 뒤에서는 "똥 묻은 개가 겨 묻은 개 나무란다."며 놀리기 때문이다.

청렴의 문제로 다가가 보자. 청렴하지 못한 리더는 부하들에게 당당하지 못하게 된다. 배경에 문제가 있기 때문이다. 또한 사람은 무의식에 양심이라는 게 자리잡고 있는데 누가 드러내어 입으로 말하지 않더라도 올무에 걸린 것처럼 부자연스럽게 되고 당연히 위축되게 마련이다. 즉, 자기 자신이 스스로 당당하지 못하게 되는 것이다.

05

일벌백계,
리더가 청렴해야
효과 있다

　최근 중국에서는 사자개가 천덕꾸러기 신세로 전락해
버렸다. 한 때 16억을 호가하던 사자개가 200만 원 내외
에 팔리고 있는 것이다. 부의 상징인 사자개의 몸값이 떨
어진 건 정부의 부정부패 척결의지 때문이다. 특히 공무
원이 사자개를 가지고 있다는 건 부정부패를 통해 부를
축적했다는 것을 보여주는 암시라고 할 수 있다. 그래서
공무원은 물론 기업가들도 사자개를 급 처분하고 있다.

　중국은 마약에 대해 무관용 원칙을 세우고 있다. 마약
을 소지하고 있으면 국적불문하고 법정최고형인 사형을
내리고 신속하게 집행한다. 이 문제로 우리나라와 종종
외교마찰을 빚기도 했다. 이토록 중국이 마약에 민감한
건 청나라의 멸망원인을 마약의 일종인 아편에서 찾기 때
문이다. 최근 무관용 원칙을 세운 것이 바로 부정부패다.
부정부패 역시 청나라의 멸망 원인이기 때문이다. 사자개

는 부정부패의 상징이 된 셈이다.

인터넷에 원자바오 중국 전 총리사진이 이슈가 되었다. 원자바오 총리가 1995년 산둥성을 방문했을 때 녹색 점퍼를 입고 찍었던 사진이다. 11년이 지난 2006년도에 또 산둥성을 방문했는데 같은 녹색점퍼를 입고 나타났다. 그 녹색점퍼는 11년 전에 입었던 것과 똑같았다. 원자바오 총리는 평소에도 녹색점퍼를 즐겨 입었다고 한다. 그의 청렴한 지도부 이미지 덕분에 중국의 부정부패 전쟁은 큰 호응을 얻고 있다.

리커창 총리 역시 청렴한 이미지를 구축했다. 2013년, 쓰촨성 지진 때 그 수습을 위해 텐트에서 잠을 자고 라면으로 끼니를 때웠다. 이를 주민들이 걱정하자 리커창은 "나는 여러분이 고용한 노동자다"라고 말하며 몸을 낮췄다. 리더의 이런 모습을 날 것으로 받아들이는 건 선택의 문제지만 부정부패와 싸우는 정부입장에선 분명 큰 힘을 받을 수 있다. 말은 안 해도 모든 국민들의 눈은 이런 리더의 모습을 지켜보고 있는 것이다.

리더가 일을 잘한다는 건 리더의 지시가 부하들에게 잘 통한다는 뜻도 있다. 조선에 대표적인 황의정승 역시 청렴을 몸소 보여주며 조선을 경영해갔다. 그의 청렴이야기

중 속통만 입고 입궐한 일화가 있다.

　왜군상륙으로 세종대왕은 관료대신들을 긴급 소집했다. 황의정승도 예외는 아니었다. 문제는 황의정승이 입고 갈 관복이 없었다. 계절은 겨울로 추위를 막아주는 건 솜옷이었다. 일을 마치고 집에 돌아온 황의의 부인은 찢어진 관복보고 솜을 빼고 빨고 널었다.

　긴급 소집이 떨어지자 황의는 입고 갈 관복솜옷바지가 없었다. 매일 입는 관복인데 여벌이 없다는 건 청렴했다는 뜻이다. 마음이 급한 황의는 부인에게 바지 솜과 저고리 솜을 대충 꿰매게 한다. 그리고 관복만 걸치고 궁으로 향한다. 궁에는 많은 대신들이 왜군상륙 대비를 회의하고 있었다. 회의를 마칠 때 쯤 세종대왕은 황의 바지를 유심히 본다. 솜이 밖으로 삐져나와있는 것이 비싼 양털인줄 알고 있었다. 누가 봐도 청렴한 황의가 양털을 입을 일 없던 세종대왕은 황의에게 양털 옷이 어디 났는지 물었다.

　황의는 솜이라 말한다. 솜을 대충 꿰매고 관복을 입었다는 사실에 놀란 세종대왕은 가까이에서 확인한다. 정말 솜이었다. 황의는 "겨울 관복이 딱 한 벌 뿐인데 찢어져서 꿰매어 입었습니다." 세종대왕은 황의의 청렴에 감복해 비단선물을 내린다. 하지만 황의는 극구 사양한다. "지금이 나라 백성은 계속된 흉년으로 헐벗고 굶주리는 자가 많사옵니다. 이런 때 어찌 비단을 걸치겠습니까? 솜옷 한 벌도 과분하옵니다." 세종대왕은 비단선물을 거두고 황의를 더욱 신뢰한다.

황의가 일을 잘 할 수 있었던 건 세종대왕의 신뢰와 그를 지켜본 수많은 수하들이 잘 따랐기 때문이다. 이런 힘의 바탕은 결국 청렴과 연결되었다. 이처럼 리더가 청렴하다면 모든 일에서 유리한 입장을 취할 수 있다.

리더는 언제나 당근과 채찍으로 조직을 이끌고 간다. 당근만 준다면 버릇을 잘못 들일 수 있다. 때에 따라 채찍을 줘야 할 때가 있다. 채찍이 효과를 보기 위해선 채찍을 집행하는 사람이 청렴해야 한다. 중국지도부가 부정부패에 철퇴를 휘두르는 건 지도부의 자신감 때문이다. 지도부가 걸리는 게 있다면 부정부패를 잡기가 힘들다.

강의가 끝나고 차에 타려는데 수강생 중 한 명이 커피를 들고 상담을 요청했다. 강의를 듣고 많이 반성했다는 것이다. 견적을 부풀리며 돈을 받는 방법으로 자신의 부서 팀장이 검은돈을 받고 있고, 부하직원들도 알게 모르게 주머니를 챙기고 있다는 것이다. 못 챙기는 자기만 바보라고 생각했던 모양이다. 강의에서 청렴해야 리더십을 제대로 발휘할 수 있다는 말에 용기를 얻은 것이다.

정말 맞는 말이다. 그는 실력을 떠나 자신의 무기를 갖고 있다. 바로 청렴하다는 것이다. 후배들 앞에서 당당하게 훈계를 할 수 있고 상사 앞에서는 떳떳하게 일할 수 있는 무기를 가지고 있다고 할 것이다. 또 가끔 필요한 채찍을 사용할 때 역시 소신 있게 사용할 수 있다. 위, 아래 할 것 없이 모두 검은돈을 먹는다면 그 조직에는 청렴이 들어올 틈이 없다. 그나마 그런 사람이 한 사람이라도 있기 때문에 언제든지 분위기를 바꿀 수 있는 명분이 있는 것이다.

리더로서 조직을 변화시키기 원한다면 자신의 청렴부터 점검해보자. 정말 청렴하다면 채찍을 당당하게 집행할 수 있을 것이다. 채근담에 이런 내용이 있다.

'청렴하면서도 능히 너그럽고, 어질면서도 결단을 잘 내리며, 총명하면서도 지나치게 살피지 않고, 강직하면서도 바른 것에 너무 치우치지 않으면 이는 꿀을 발라도 달지 않고 해산물이라도 짜지 않음과 같은 것이니, 이런 것이야말로 아름다운 덕이라고 할 수 있다'

이런 아름다운 덕이 있어야 리더로서 역할을 잘 감당해낼 수가 있다. 존경스러움은 누가 만들어주지 않는다. 바로 자신이 만들어내는 것이다. 그런 사람 앞에서는 모든 사람이 자연스럽게 강요하지 않아도 저절로 고개를 숙이고 허리를 굽히게 된다. 또 자기 자리는 누가 만들어주는 것이 아니라 자기가 만드는 것이다.

06

불공정한 관행에 대해서
경각심부터 갖도록 하자

　미군 포병부대가 병사들의 포 운영능력을 높이기 위해 고심했다. 실제 전쟁에서 발사속도가 늦은 것이다. 자체적으로 해결책을 찾을 수 없게 되자 외부 컨설팅 업체에 의뢰를 했다. 얼마 후 컨설팅 업체는 병사들의 발사속도가 늦은 이유를 찾아냈다. 바로 매뉴얼의 문제 때문이었다.

　1차 세계대전 당시 포는 말이 끌고 다녔다. 포를 발사하기 직전 말들이 놀랄까 봐 병사들은 말의 고삐를 잡기 위해 장전완료 후 3초~5초의 여유를 두고 심지에 불을 지폈다. 그것이 현대까지 전수되어 발사 직전의 병사들은 계속해서 3초~5초의 여유를 두고 발사했던 것이다. 왜 매뉴얼에 3초~5초의 여유가 필요했던 것인지 아무도 몰랐던 것이다.

아무리 뛰어난 것에도 문제는 있게 마련이다. 중요한 문제를 문제로 봐야 한다. 매뉴얼에도 그렇게 되어 있고 늘상 그렇게 해왔다고 치부해버린다면 문제는 그냥 일상이 되어버린다. 의식으로 살지 않고 무의식적으로 살아가는 행위인 것이다. 항상 해왔기 때문에 한다는 '관행'이야말로 이러한 무의식에 속한다.

국방에 관련, 총책임을 맡고 있는 국방부장관 발언이 사회에 큰 파장을 일으켰다. 방사비리를 '생계형비리'라고 했던 발언 때문이다. 모 국회의원이 이렇게 물었다. "방위사업청이 생긴 이후 비리가 줄어들었다고 평가하는가?"라는 질문을 하자 국방부장관은 다음과 같이 답했다.

"전후 자료를 별도로 갖고 있진 않지만 방사청 개청 이전엔 대형비리가 많이 있었다면 개청 이후엔 생계형비리가 많다고 본다."

생계형비리라는 말을 듣고 여러 국회의원들이 질타를 했다. 국방부장관은 사과했지만 그의 발언은 방송을 타고 전국으로 퍼져나갔다. 나 역시 비리가 대형비리 따로 있고, 생계형비리가 따로 있다는 국방부장관의 말에 큰 충격을 받았다.

부정부패 앞에서 사실 금액은 큰 의미는 없다. 그 까닭은 의도가 똑같기 때문이다. 단지 규모의 차이일 뿐이다. 더 심각한 건 그것이 문제될 것 없다는 인식이 너무나 팽배하다. 문제를 문제로 보지 못하고 있는 것이다.

한 때 '장관 3관왕'이란 말이 유행했다. 인사청문회 때 장관후보들에게 공통적 특징을 세 가지 말한 것이다.

첫째, 부동산투기목적의 위장전입
둘째, 군복무 비리
셋째, 자녀 특채 또는 교육비리

이 세 가지 문제가 매번 지적되고 있다. 매번 지적되자 국민들은 '당연하다'는 반응으로 인터넷에 글을 올린다. 인사청문회 3관왕 문제를 보고 두 가지의 우려를 했다. 첫 번째는 장관후보가 되고 나서야 겨우 알려진다는 것이다. 고위공직자 시절에는 3관왕이 아무 문제가 없었다는 뜻이다. 우리 지도부의 모습이다. 두 번째는 당연히 여기는 풍토다.

3관왕은 분명 문제다. 문제를 문제로 보지 않고 애교수

준으로 보고 있는 것이다. 경각심이 필요하다. 불공정한 관행은 분명 문제다. 하지만 그것이 지속될수록 무뎌지고 있다. 무뎌지는 게 쌓이게 되면 결국 동반적으로 무너지게 된다. 문제를 문제로 봐야 한다. 문제제기부터 청렴의식의 시작이다.

'호박불취부개(琥珀不取腐芥)'라는 말이 있다. '호박(湖泊)은 먼지를 흡취하는 성질은 있지만 썩은 먼지는 흡취하지 않는다'는 말로 청렴결백한 사람은 부정품을 취하지 않는다는 뜻이다. 삼국지 우번전에 유래되는 고사성어이다.

후한 말 삼국시대 오나라에 역경에 밝은 학자로 지모가 뛰어난 우번이라는 정치가가 있었다. 우번은 오나라 손권을 섬기는 관리로 청렴결백하기로 유명했으며 항상 관리들의 독직을 경계하고 있었다.

우번은 자기가 옳다고 생각하면 그 주장을 관철한 인물로 낙양에 있는 조조로부터 부름을 받았으나 "도척(盜跖=도적의 대명사로 불릴 정도로 유명한 도적)이 남은 재산으로 훌륭한 집안을 더럽히려고 하는가?"라며 응하지 않은 일화가 전해져 온다.

봉건 시대 중국에서는 관리나 정치가가 되는 것이 곧장 자신의 축재(蓄財)와 이어졌다. 관리가 되면 자연스레 돈을 벌거나 재물이 따라 들어온다는 '승관발재'라는 말이 정착되어 있는 것만 보아도 벼슬이 곧 돈벌이라는 것이 얼마나 보편적인 현상이었는가를 짐작할 수 있다. 아문(衙門)은 서민의 고혈을 빨아먹는 곳이고 관아노야가 뇌물을 받지 않으면 오히려 이상하게 여겼다.

봉급이 적은 관리나 정치가가 돈을 벌려면 부정행위를 하거나 부업을 하는 두 가지 방법밖에 없다. 그러나 아무리 한가한 봉건시대의 관료라도 본업을 등한시하고 부업만을 할 수는 없는 일이다. 따라서 축재의 방법은 뇌물을 받는 것이 가장 손쉬운 길이었다. 이러한 환경에서 청렴결백하고 부정한 금품을 받지 않으려면 상당한 극기심이 필요했을 것이다. 시대는 변했지만 인간의 욕심은 세월을 초월하여 그대로다. 오로지 분별심만이 자신을 구원하고 주위를 구원하며 사회를 구원할 수 있다.

07

부정부패 문제는
심성(心性)에서 비롯된다

욕심은 삶의 원동력이다. 욕심이 없다고 생각해보자. 개선할 의지도, 꿈을 이룰 힘도 없을 것이다. 욕심은 정말 중요한 마음이다. 하지만 많은 사람들이 욕심하면 부정적인 느낌을 받는다. 부정적인 느낌을 주는 건 사실 욕심이 아니라 탐욕이다. 탐욕이 화를 부르고 탐욕이 죄를 낳는다.

탐욕은 욕심 그 이상을 추구할 때 생기는 마음이다. 99개 가진 사람이 1개 가진 사람 것을 빼앗아 100개를 채우는 것이 탐욕이다. 부정부패 역시 탐욕에서 시작된다. 리더는 이 탐욕을 잘 관리해야 한다. 탐욕을 관리하는 힘은 심성을 관리하는 일이다. 견물생심(見物生心)이란 말이 있다. 물건을 보면 당연히 욕심이 나는 법이다. 이 때, 보다 넓은 시야를 가지고 물건을 볼 필요가 있다. 그러면 심성을 관리할 수 있다.

여러 가지 자격증을 다수 가지고 있는 지인이 있다. 학생 시절부터 자격증을 취득했다. 학생 시절에 '산업안전기사' 자격증을 대여해 달라는 전화가 한 번 왔다고 한다. 대여해준다면 월30만 원을 주겠다는 조건이었다. 학생의 입장에서 볼 때 월30만 원이면 꽤나 매력적인 액수였다.

지인은 고민을 했지만 다행히 큰 시야를 볼 수 있는 사람이었다. 만약 자기가 공직으로 가거나 어떤 일이 있어서 과거의 행적을 따져야 할 때 자격증 불법대여는 분명 오점이 되는 일이라 판단했고 정중히 거절을 했다고 한다. 눈앞에 보이는 탐욕을 누른 것이다. 그리고 무엇보다도 진정한 욕심인 '자기 꿈'에 집중한 결과 거절을 할 수 있었다.

유혹이 왔을 때 누구나 지인과 같은 행동을 하면 된다. 보다 큰 그림을 그려보고 그것으로 욕심과 탐욕을 조절하면 된다. 이것은 마음속의 싸움이다. 우리 마음은 싸움이 일어날 때마다 어떤 결정을 해야 할까. 답을 구하는 데 도움이 될 수 있을 것 같아서 사례를 들어보겠다.

경기도 모 도시 다세대주택에서 화재가 났다. 주택 안에는 엄마와 아이가 있었다. 소방차가 오려면 멀었다. 위급한 상황에서 모두가 발을 동동 구르고 있을 때 어디선가 스카이차가 나타났다. 그리고 어느 남자가 스카이차 작업대에 올라가 엄마와 아이를 구했다. 이 장면을 시민 누군가가 찍어 뉴스에 제보했다. 스카이차 주인과 작업대에 오른 남자를 인터뷰했는데 둘은 비슷한 말을 하며 사라졌다.

"거기에 누가 있든 똑같은 행동을 했을 겁니다."

이름 없는 영웅이 바로 이런 사람이 아닐까 생각한다. 욕심과 탐욕 심지어 목숨을 초월할 수 있는 게 사람이다. 목숨까지 초월할 수 있기에 탐욕은 언제든지 누를 수 있다. 그래서 부정부패는 모든 게 마음먹기에 달렸다. 마음에 따라 얼마든지 막을 수 있다고 생각한다.

부정부패는 심성의 문제다. 우리의 심성은 때에 따라 남을 위해 목숨도 버릴 줄 안다. 하물며 자신을 지키는데 꼭 필요한 청렴을 추구하는 건 당연하다.

청렴이 당연하다지만 부정부패는 어느 시대, 어느 나라에나 늘 있었다. 철저한 감시체계가 있어도 원천적으로 봉쇄는 불가능하다. 말 그대로 부정부패는 예외가 없이 늘 존재했다. 스스로 철저히 감시하지 않으면 부정부패는 열려 있다. 리더는 부정부패의 이런 특성을 이해해야 한다.

《동몽훈》은 조선 전기에 어린이들을 교훈하기 위해 사용했던 책인데 거기에 이런 교훈이 있다. '벼슬살이하는 방법에는 오직 세 가지가 있으니, 곧 청렴과 신중과 근면이다. 이 세 가지를 알면 몸가짐을 어떻게 해야 하는지를 알게 된다' 어릴 때부터 청렴을 강조한 우리 선조들의 지혜를 엿볼 수 있는 대목이다.

사람의 심성을 이야기한 말이 또 하나 있다. 바로 명경지수(明鏡止水)란 말이다. 공자가 제자 상계와 문답하는 내용이 《장자》 덕충부편에 나온다. 발이 잘린 왕태라는 불구자의 이야기이다. 왕태의 문하에서 배우는 사람의 수는, 공자의 문하에서 배우는 사람의 수만큼 많았다. 그래서 상계는 속으로 그것을 다소 불만스럽게 생각하고 공자에게 그 까닭을 물었다.

"왕태는 몸을 닦는 데 있어서, 지혜로써 자신의 마음을 알고, 그것에 의해 자신의 본심을 깨닫는다고 합니다. 이것은 어디까지나 자기 자신만을 위한 공부로서 남을 위하거나 세상을 위한 공부는 아닙니다. 그런데도 어떻게 그

토록 많은 사람들이 그에게 모여드는지 알 수 없습니다."

공자는 이렇게 대답했다.

"사람은 흐르는 물을 거울로 삼는 일이 없이 그쳐 있는 물을 거울로 삼는다. 왕태의 마음은 그쳐 있는 물처럼 조용하기 때문에 사람들은 그를 거울삼아 모여들고 있는 것이다."

공자는 왕태의 마음을 명경지수에 비유했다. 명경지수는 '아주 맑고 깨끗한 심경'이라는 뜻이다. 사람의 마음이 맑고 조용한 것을 비유해서 명경지수와 같다고 한다.

또한 쇼펜하우어는 '사람들은 자기의 올바른 이성과 양심을 닦기에 애쓰는 것보다 몇 천 배나 재물을 얻고자 하는 일에 머리를 쓴다. 그러나 우리의 참된 행복은 우리 자신 속에 있다. 가슴 속에 들어 있는 청렴결백한 마음이 소중한 것이지, 내 옆에 있는 물건이 소중한 것이 아니다' 라고 말했다.

08

지금은
부정을 감출 수 없는
정보유통시대

　인구가 줄면서 대학교는 학생 유치에 전쟁이라도 치르
는 것만 같다. 모든 광고를 동원해서 학교를 홍보하고 여
기저기에 알리느라고 바쁘다. 요즘 자주 보이는 대학광고
가 "취업률 1위"란 광고다. 모 대학은 4년 전 통계(남자졸업
생, 수도권제외, 1,000~2,000명 사이, 특정학과)에서 한 번 했던 취업
률 1위를 계속 광고해서 공정거래위원회와 교육부의 제
재를 당했다.

　사실 조금만 관심 있는 사람이라면 이 통계에 문제가
있다는 걸 단번에 알 수 있다. 바로 '학교알리미 서비스'
에 들어가면 된다. 시스템도 잘 되어 있어 클릭 몇 번이면
입학생, 졸업생, 취업자 등을 자세히 알 수 있다. 학교알
리미 서비스 말고도 기름값 정보를 한 번에 볼 수 있고,
농수산물 가격도 쉽게 볼 수 있는 등 과거에 비해 정보획
득이 쉬워졌다. 즉, 부정을 아무리 숨기려 해도 숨길 수

없게 변해가고 있는 것이다.

모든 일을 컴퓨터로 하는 시대이다 보니 기록이 철저히 남는다. 이 점을 생각한다면 부정부패를 저지를 수 없다. 뉴스에 '간 큰 여자 경리'란 보도가 나왔다. 한 경리가 5년간 회사 돈 10억을 챙긴 것이다. 10억으로 명품백을 사고 성형수술을 하는 것은 물론이고 남자친구의 학비까지도 갚아주었다. 그녀의 간 큰 행동은 덜미가 잡힌다.

경리는 장부를 조작할 수 있는 자리지만 모든 게 전산화로 이루어진 세상에 걸릴 것이 뻔했다. 아무리 돈에 눈이 멀었다지만 부정하게 얻은 것들은 갈수록 숨길 수 없는 세상이 되었다.

숨길 수 없는 세상에 대해 정년퇴직을 앞둔 직장인들과 대화를 나눌 때가 있다. 그들은 사회가 확실히 예전보다 훨씬 투명해졌다는 말을 자주 하곤 한다. 과거에는 간이 영수증이 있긴 했지만 식당주인과 마음만 맞으면 그런대로 재미를 볼 수 있었다고 한다. 지금은 한도가 정해진 카드를 주기 때문에 10원짜리 하나 허투루 쓰지 못한다. 사용 내역 역시 기록에 남는다. 그리고 금액이 남으면 그대로 반납을 해야 한다는 것이다.

사실 이런 모습이 제대로 된 것이라고 생각한다. 공과

사는 분명히 구분해야 하는데 만연한 부정부패를 당연한 것처럼 여기고 행동해왔던 것이다. IT기술이 발전할수록 과거에 비해 모든 것이 확실히 투명해졌다. 청렴을 강의하는 사람으로서 기쁜 일임이 분명하다.

상당히 투명해졌다고들 하지만 아직까지도 여기저기에서 부정부패 소식이 들려온다. '차떼기', '사과박스', '비타500박스' 등 부정부패에 대한 신조어도 지속적으로 쏟아진다. 신조어가 나온다는 건 이 세상에 그만큼 많이 알려졌다는 뜻이다. 그나마 다행이다. 세상에 비밀은 결코 있을 수가 없기 때문이다.

부정부패 사건이 터지게 되면 과거에 비할 수 없이 신속하고 정확하게 유포된다. 그래서 더욱 많은 사람들이 경각심을 갖게 된다. 부정부패는 가면 갈수록 숨길 수도 없게 되었으며, 세상에 알려지게 된다면 삽시간에 많은 사람들에게 알려진다. 과거에는 주먹구구식으로 국민들에게 눈 가리고 아웅 하는 방식이 통했을지 모르지만 지금은 아니다.

'십팔사략'에 '중구난방(衆口難防)'이라는 말이 있다. '뭇사람의 말을 이루 다 막기가 어렵다'는 뜻으로 많은 사람이 마구 떠들어대는 소리는 감당하기 어려우니 행동을 조심해야 한다는 뜻이다. 때로는 수많은 CCTV가 감시망이 되기도 한다.

주나라 때의 이야기다. 여왕은 국정을 비방하는 자가 있으면 적발해서 죽였다. 밀고제도가 자리 잡고 거미줄 같이 쳐진 정보망 때문에 백성들은 공포정치에 질려 말도 제대로 할 수 없게 되었다.

"어떻소? 내 정치하는 솜씨가. 나를 비방하는 자가 한 사람도 없지 않소."

여왕은 득의만면해서 그렇게 말했다. 중신 소공은 기가 막혔다.

"겨우 비방을 막은 것에 불과합니다. 백성의 입을 막는 것은 둑으로 물을 막는 것보다 더 어렵습니다. 물이 막히면 언젠가 둑을 무너뜨릴 것입니다. 그렇게 되면 많은 인명이 상하게 됩니다. 백성의 입을 막는 것도 같은 이치입니다. 백성을 다스리는 사람은 백성들이 마음 놓고 말할 수 있게 해야 합니다."

그러나 소공의 간곡한 충언을 여왕은 받아들이지 않았다. 소공이 우려했던 대로 백성들은 언제까지나 가만있지 않았다. 백성들은 마침내 들고 일어났다. 여왕이 달아난 곳에서 죽을 때까지 주나라에서는 14년간 공화정이 실시되었다. 신하들이 상의해서 정치를 했기에 공화라 했던 것이다.

성을 쌓는 일을 독려하기 위해 나와 있던 춘추 시대 송나라의 화원이랑 벼슬아치가 적국의 포로가 되었다가 풀려난 사람이란 사실이 알려지자 일꾼들이 일제히 그를 비웃기 시작했다. 그러나 그는 여왕의 고사를 익히 알고 있었기에 "사람들의 입은 막기 어렵다(衆口難防)."고 하고는 작업장에 얼씬도 하지 않았다는 이야기도 전한다.

지금은 인터넷 등 여러 가지 정보유통 수단으로 인해 더욱 세상에 비밀이 없게 되었다. 크고 작은 모든 사건 사고가 유튜브, SNS 등을 통해서도 삽시간에 전 세계적으로 퍼져나간다. 개인의 사생활조차도 보장되지 않는 현실에서 살아가고 있다.

리더는 정보유통에 따른 현실을 직시해야 한다. 당장 급하다고 부정부패를 저지르면 정보축적과 공개 때문에 나중에 높은 자리에 올랐을 때 문제가 될 수 있다. 당장 먹기에 곶감이 달다고 빼먹었다간 큰 코 다치게 된다. 자신에게도 오명을 남길 수 있을 뿐더러 가족들, 특히 배우자나 자녀들에게까지 평생 동안 씻을 수 없는 상처를 줄 수도 있다.

—

—

청렴으로
격(格)을 쌓은
리더들

01

천천히 그러나
청렴했던
고건 전 총리

조직은 역할에 따라 급수가 매겨진다. 급수가 높다고 훌륭한 사람이 아니고 급수가 낮다고 부족한 사람도 아니다. 이것은 업무의 효율을 위해 만든 시스템일 뿐이다. 공무원 조직도 9급부터 1급까지 급수가 있다. 이 역시 업무의 효율을 위해 만든 시스템이다. 이 시스템에 모두 이름을 올린 사람이 있다. 바로 고건 전 총리다.

고건 전 총리는 노무현 대통령 탄핵으로 혼란스러웠던 시기에 안정감 있게 대통령의 직무를 대행하여 많은 사람들에게 회자되었다. 그 후 대통령 후보로도 이름이 올랐지만 대선에 출마하지 않고 사회 곳곳에서 행정부 원로로 많은 활동을 하고 있다.

고건 총리의 아버지는 야당 정치인이었다. 그는 어릴 적에 아버지의 손에 이끌려 김구 선생의 장례식에 갔는데 그때 나라를 위해 일하고 싶다는 꿈을 갖게 되었다고 한다. 그래서 서울대학교 정치학과를 졸업하고 정치보다는 공직생활을 하기 위해 고등고시 행정과에 합격한다. 내무부 수습사무관을 시작으로 장관 세 번, 서울시장 두 번, 총리를 두 번하는, 보기 드문 삶을 살게 된다.

그는 공직생활을 하면서 다산이 쓴《목민심서》의 '율기'에 있는 지자이렴(智者利廉)을 공직수칙으로 삼았다. 지자이렴은 '지혜로운 자는 청렴함을 이롭게 여긴다'란 뜻이다. 지자이렴을 만든 다산에게 누군가 "재물보다 왜 청렴함이 이롭다고 하느냐?"라는 질문을 했다. 그때 다산은 "청렴은 천하의 큰 장사다. 욕심이 큰 사람은 반드시 청렴하려고 한다. 사람이 청렴하지 못한 것은 그 지혜가 짧기 때문이다."라고 했다. 무릎을 칠만 하지 않은가. 청렴이 천하의 큰 장사라는 것, 욕심이 큰 사람이야말로 청렴할 수 있다는 의식 말이다.

그래서 고건 전 총리는 스스로 공직생활에 청렴하기보다 '이렴'했다는 결론을 내렸다. 이렴은 공직생활의 무기가 되었다. 또 그는 공직생활에서 일벌백계보다 잘못하면 모두 처벌을 받아야 한다는 백벌백계의 정착을 위해 노력했다. 그 대표적인 실천이 '시장이 직접 받는 부조리 신고엽서 제도'였다.

처음 공직을 시작할 때 아버지로부터 공무원으로서 지켜야 할 3계를 받은 것으로도 유명하다. 그 3계는 '첫째 누구 사람이라고 낙인찍히지 마라, 둘째 남의 돈은 받지 마라, 셋째 술 잘 먹는다고 소문내지 마라.'는 세 가지였다. 훗날 신문사와의 인터뷰에서 첫째와 둘째는 충실히 지켰지만 셋째는 공무원 후배들, 지역주민들과의 원활한 소통을 위해 지키지 못했다고 진솔하게 말했다.

아버지로부터 3계를 받은 고건은 충실하게 공직생활을 한다. 12.12사태 때 권력의 판도가 바뀌고 사정(査正)바람이 휘몰아칠 때마저 떳떳하게 소신대로 일했고 국가보위비상대책위원회에 반대하는 뜻으로 사표를 던질 때는 당당했다. 역시 청렴했기에 당당할 수 있었던 일이었다. 그가 청렴을 평생 실천할 수 있었던 것은 아버지 덕분이었다. 강경야당 정치인 출신이었던 아버지는 생존을 위해 늘 청렴해야 했다. 이런 아버지를 보고 자란 그 역시 어릴 적부터 청렴이 체질화 되어 있었다.

그는 1975년, 37세에 최연소로 전라남도 도지사가 된다. 젊은 공직자인데다 의욕이 강했던 탓에 돈에 대한 아쉬움도 많았다. 특히 자신을 믿고 밤늦도록 일하는 도청 근무자들에게 든든하게 고기라도 사주고 싶었지만 판공

비는 늘 부족했다. 자동으로 검은 돈에 대한 유혹이 다가왔다. 다행히 아버지는 그런 사정을 알고 가족과 친척들을 모아 갹출을 했다. 청렴의 중요성을 누구보다 잘 알고 있었던 아버지의 눈물겨운 노력이었다. 그 후에도 검은 돈의 유혹은 끊임없이 다가왔지만 지혜로운 방법을 동원하여 그 유혹을 극복한다.

어느 날은 신임 도지사로서 전남도청 위치도 익힐 겸각 부서를 돌아다녔다. 그런데 관광운수과의 사무실에 빈 책상 하나가 보였다. 그는 "이 자리는 누구 것인가?"라고 물었는데, 아무도 벙어리처럼 대답하지 못했다. 화가 난 그가 다시 묻자 누군가 "광주고속 직원 책상입니다."라고 답했다.

그가 "도청에 일반기업체 직원의 책상이 왜 있는가?" 그 이유를 따져보니 관광운수과는 버스노선을 정하는 부서였고, 노선을 정할 때마다 지리조건, 인구분포, 개발여건 등을 고려해서 정해야 했다. 그것에 대한 조언을 얻기 위해 광주고속 직원 책상이 놓여있었던 것이다. 문제는 수입이 괜찮은 황금노선이 광주고속으로 돌아간다는 것이었다. 이 이야기를 들은 고건은 당장 그 직원을 쫓아내라고 지시를 내린다.

얼마 후 광주고속 회장이 고건을 찾아온다. 이야기를 나누다 정장 안에서 봉투를 꺼내며 말을 이어간다. "지난번에 보니 밤늦게까지 근무하고 있는 직원들이 많은 것 같아서… 불고기라도 사주십시오."라고 말하며 봉투를 내민다. 검은 돈이라는 걸 알았지만 고건은 "감사합니다. 그 뜻을 제가 정확히 전달하겠습니다."라고 말하고 돈을 받는다.

다음날 고건은 간부회의를 열어 "어젯밤 지사장실에 광주고속 회장이 찾아와 고생하는 도청직원들을 위해 금일봉을 전달하고 가셨습니다. 이걸 어떻게 사용해야 하나요?"라고 말했다. 그의 말을 들은 간부들은 당황한 기색이 역력했다. 그 돈은 도지사에게 주는 검은돈이라는 걸 모르는 사람이 없었기 때문이었다.

잠시 후 누군가 도청 새마을기금으로 사용하면 좋겠다고 제안을 한다. 고건은 그 돈을 새마을기금으로 사용하고 영수증까지 첨부하여 광주고속에 감사함을 표현한다. 회장의 말대로 그 돈은 검은 돈이 아니고 직원들 금일봉으로 알고서 좋은 곳에 사용한 것이다.

며칠 후 다시 서울에서 광주고속 회장을 만나 점심식사를 한다. 이때 회장은 더 큰 돈을 들고 와서 고건에게 전한다. 고건은 "죄송합니다. 회장님. 제 공직수칙을 이해해 주십시오."라며 거절을 한다. 지난 번 일로 잘못하면 인간관계마저 끊길 것이라고 예상한 고건은 정중히 점심 식사자리를 마련한 것이다. 그 후 회장과 식사대를 서로 주고받으며 관계를 유지했다고 한다.

고건은 '거절의 수사학' 3단계를 만들어 어려운 상황에 대처했다. 거절은 하되 인간관계까지 끊을 수 없기 때문이다.

1단계 : "정말 고맙습니다. 하지만 뜻만 받겠습니다."
2단계 : "제가 고맙게 받겠습니다. 그런데 지금은 판공비가 있어 어려울 게 없습니다. 필요하면 그때 요청하겠습니다."

대부분은 2단계에서 알아듣고 물러난다. 하지만 3단계까지 가는 경우도 있다. 철저히 대가성 검은 돈이다. 그때는 자신을 모욕한 것과 다름없으니 야단을 친다. 하지만 자신보다 나이 많은 분에게 직접적으로 모욕을 줄 수 없을 때 관련부서 담당자를 불러 혼내는 방식으로 간접 야단을 친다. 그렇게 검은 돈에 대한 유혹을 극복하며 공직생활을 해나갔다.

그는 청렴함과 추진력으로 서울시장에 임명된다. 당시 서울시청은 복마전(伏魔殿)이라는 평가를 받고 있었다. 특히 목동지구개발사업을 두고 고건은 외로운 싸움을 하게 된다. 청와대 등 외압과 건설사의 유혹, 언론의 구설수 등 여러 가지 어려움에 봉착하는데 서울의 마지막 노른자라 불리는 목동지구개발사업에서 그는 공개경쟁을 추구했다.

50만 청약저축자에게 혜택이 골고루 돌아가야 한다는 원칙이 있었다. 하지만 복잡한 이권이 있었고 그 중심에 한보그룹 정태수 회장이 있었다. 고건을 만난 정태수 회장은 두둑한 봉투를 준다. 화가 난 고건은 앞뒤 가릴 것 없이 "어디서 무슨 수작입니까. 당장 나가세요."라고 소리친다. 정태수 회장은 고건을 보고 얇은 미소를 보냈다고 한다. 고건은 직감적으로 '얼마나 버티나 보자'라는 의미의 웃음으로 생각했다.

그 후 사업관련 서울시 공무원이 검찰에 소환되었다. 서울수장으로서 외로운 순간이었다. 자신의 소신 때문에 애꿎은 사람들이 피해를 보기 시작한 것이다. 하지만 소신을 내려놓을 수 없었다. 고건은 자신을 압박하는 사람들에게 사비를 들여 신문지면 광고까지 하겠다고 응수한다. 꺾을 수 없는 의지였다.

그렇게 버틴 고건이지만 청와대 개각(당시 시장은 임명제)과 함께 서울시장에서 물러난다. 1990년 12월 27일 마지막 이임사에서 "오랫동안 서울시를 괴롭혀온 외부 압력이나 이권 청탁을 철저히 막아내겠다고 한, 취임 때의 약속을 지킬 수 있었던 것을 무척 다행스럽게 생각합니다."라는 말을 한다.

이임사 후 그동안 고마웠던 분들에게 인사도 할 겸 인사장을 보내는데, 이 인사장이 기적 같은 일을 만들어낸다. 인사장이 돌아 모 신문사에서 "수서택지 특혜분양"이라고 대서특필을 한 것이다. 드디어 사건이 알려지게 되고 검찰은 비리 수사로 전환해야 했다. 그 후 노태우 정부 최대 권력형 비리사건으로 번지게 된다.

그는 서울시장직에서 물러나고도 장관, 총리에 내정되었다. 그 때도 최선을 다해 청렴한 공직자로 생활을 해나간다. 그 뿌리에는 수많은 유혹과 외압을 이긴 과거가 있었기 때문에 가능한 일이었다. 실로 그것은 만만치 않은 내공이었다. 만약 그의 과거에 문제가 있었다면 장관, 총리에 오르는 건 불가능했을 것이다. 과거가 현재이며 곧 미래를 말하기도 한다.

공직자라면 청렴을 이렴(利廉)으로 활용해야 한다. 검은 돈을 당연한 것으로 여기던 시절 당연함을 거부하고 중심을 잡았던 고건의 공직철학은 공직자는 물론 모든 사람이 배워야 하는 철칙일 것이다. 청렴이 가장 큰 이익이다. 더 멀리 길게 보는 그릇 큰 사람만이 청렴을 이렴처럼 실천할 수 있다,

02

청렴을 무기로
나라를 개조한
싱가포르 리콴유

싱가포르하면 생각나는 키워드가 몇 개 있다. '도시국가', '아시아의 네 마리 용', '벌금이 강한 나라', '태형' 등이다. 특히 '벌금이 강한 나라'라는 이미지는 전 세계적으로 유명하여 벌금목록 티셔츠가 있을 정도다.

이 나라에 관심 있는 사람이라면 1994년 길거리에서 스프레이로 낙서한 미국 청소년 마이클 페이에게 태형을 내려 미국과 외교마찰을 겪은 일을 기억할 것이다. 그만큼 싱가포르는 외국 사람이건, 미성년자라 할지라도 '무관용주의'로 법을 강조하는 나라이다.

싱가포르는 우리나라의 제주도보다 조금 큰 나라다. 국토는 좁지만 아시아에서 일본을 제치고 GDP 1위를 차지할 만큼 부자국가다. 전 세계적으로도 싱가포르는 연구대상으로 여긴다. 부존자원도 많지 않고, 인구가 적어 내수

시장도 없으며, 무인도에서 영국식민지 개척으로 사람이 살기 시작해 애국심도 상대적으로 약한 나라인데도 불구하고 부정부패지수는 아시아 최하위권이고 경제적으로 부자나라이기 때문이다. 즉, 주목할만한 나라인 것이다.

별 볼일 없는 섬에 불과했던 싱가포르가 전 세계인의 주목을 받을 수 있었던 것은 리콴유(李光曜)라는 지도자 있었기 때문이다. 그는 1대 총리로 시작하여 싱가포르를 말레이시아 연방에서 독립시키고 경제발전을 완성시킨 인물이다. 그의 공로를 인정한 국민들은 총리직에서 물러날 때까지도 원로장관(Senior Minister)이라는 자리를 만들고 정치생활을 이어가게 할 정도로 인기가 높다.

리콴유는 1923년, 3대가 싱가포르에 사는 부유한 집안에서 태어났다. 당시 싱가포르를 포함한 말레시아는 영국의 지배를 받고 있었다. 어린 시절 리콴유는 아시아인들은 유럽인보다 못났다고 생각했다. 관료들은 자기 이속 챙기기에 바쁘고 국민계몽에는 관심이 없었기 때문이다. 1939년 제2차 세계대전이 터지고 1942년 일본군이 싱가포르를 점령한다. 이때 리콴유는 '국가', '정치'에 관한 많은 생각을 하게 된다. 나라가 부강하지 않으면 어떤 일을 겪어야 하는지 절실히 느꼈다.

일본의 서슬 퍼런 폭력 앞에서 국민들은 수긍할 수밖에 없고 저항하는 사람은 극소수였다. 리콴유는 일본의 지배 속에서 극심한 기근이 와도 범죄가 거의 일어나지 않았다고 회고했다. 이유는 처벌이 너무 잔인했기 때문이다. 일본의 집행방법과 처벌강도는 잘못되었지만 질서를 위해 처벌이 강해야 한다는 사실을 이때 깊이 새긴다. 훗날 미개하다는 비난을 받더라도 다른 나라는 상상하지 못할 벌금과 엉덩이 살이 찢어질 만큼 때리는 태형을 시행하는 배경이 되는 것이다.

리콴유는 아시아에서 유일하게 민족 자부심을 갖고 일본에게 저항한 나라로 우리나라를 꼽는다. 우리나라를 보면서 유럽인보다 못하다는 생각을 접었고 아시아인의 잠재력을 깊이 인식하게 된다. 훗날 영국과 말레시아에서 독립할 때 우리나라의 민족정신과 저항의지가 일부 작용했다는 평가도 받는다.

리콴유가 한국에 호의를 갖고 외교를 펼친 건 이런 배경이 있었기 때문에 가능했다. 1945년 부강한 나라의 중요성을 뼈저리게 느꼈다면 1946년에는 변호사가 되기 위해 영국으로 건너간다. 그리고 곧 영국에서 변호사가 되어 귀국하여 노동자를 대변한다.

그 후 인민행동당을 창당하고 본격적으로 정치인 생활

을 시작하여 성공적인 정치인으로 변모한다. 1959년 영국으로부터 자치권을 획득하지만 국내에는 실업, 빈곤, 주거, 교육 등 다양한 문제가 산적했다. 그는 우선 주거 문제를 해결하기 위해 주거 및 개발위원회(HDB)를 세우고 대규모 주거해결 정책을 펴나간다.

1963년에는 영국과의 완전한 독립을 위해 말레이시아와 합병을 시도한다. 그 후 말레이시아와 반목을 겪으며 1965년 독립을 하면서 35년간 철저한 친(親)기업정책과 무역산업을 발전시켜 지금의 싱가포르를 만들었다.

그는 총리로 취임했을 때 각료 전원 흰 와이셔츠와 흰 바지를 입게 했다. 바로 부정부패를 척결하겠다는 의지의 표시로 흰색을 즐겨 입었던 것이다. 또 만연한 부정부패를 어떻게 끊어야 할지 고민하며 부패행위조사국(CPIB)을 설립한다. 부패행위조사국은 '부패와의 전쟁은 신속, 정확, 단호, 공평하게'라는 기치를 내걸고 활동했다. 그것은 부정부패를 한 당사자는 물론 가족까지 조사하는 권한이었다. 부정부패로 모은 재산이 조금이라도 있으면 금액과 상관없이 전 재산을 몰수하는 강력한 정책을 폈던 것이다.

리콴유는 채찍 말고 당근도 준다. 바로 공무원의 봉급을 대폭 인상하는 것이었다. 거의 외국회사 임원 정도의 월급으로 지급했다. 생계는 물론, '공무원이 풍요로운 생활을 한다면 부정부패는 자연스레 없어진다'라는 생각을 했다. 그리고 엘리트 공무원 양성을 위해 철저한 관리를 하는데, 이런 노력 덕분에 매년 발표하는 공무원 경쟁력에서 싱가포르가 최상위권을 자랑하고 있다.

1986년 부패행위조사국에 리콴유의 최측근인 국가개발부장관 치앙완이 우리나라 돈으로 2,400만 원 정도를 받았다는 의혹이 있었다. 리콴유는 아무리 최측근이라도 무관용원칙을 고수하면서 자유로운 조사를 위해 치앙완과의 면담을 공개적으로 거부했다. 그만큼 부정부패 앞에선 최측근도 없었던 것이다.

1990년에는 그는 국민의 절대적 지지 속에서 총리 자리에서 물러난다. 퇴임하려는 그에게 국민들은 원로장관이라는 특별한 직책을 만들어 계속 정치에 관여하길 바랐다.

시간이 흘러 1995년 그는 부패행위조사국의 조사를 받게 된다. 주택구입과정에서 부동산투기의혹이 불거진 것이다. 세계 언론은 자신이 만든 기관에서 자신이 조사

받게 생겼다며 이 스캔들을 흥미롭게 다루었다.

조사결과 리콴유는 무혐의 처분을 받는다. 부정부패가 아니라 주택정책시스템의 문제였기 때문이었다. 리콴유는 부동산 급등으로 얻은 수입과 사재를 더해 100만 싱가포르 달러를 사회에 기부한다. 과연 거인다운 결정이었다. 조사가 끝난 뒤 언론에서 그는 담담히 말했다.

"내가 만든 시스템이 나 자신의 행적을 조사하고 그 결과를 상부에 보고할 수 있다는 사실만으로도 싱가포르의 반부패 조사와 방지 원칙이 잘 운영되고 있음에 만족한다."

리콴유의 부패행위조사국에 대한 자부심과 시스템 만족이 얼마나 높았는지를 보여준 일화다. 시간이 흘러 이 아시아의 거인은 2015년 3월 폐렴으로 사망한다. 우리나라는 물론 세계 곳곳에서 애도를 표했다.

그에 대한 외국의 평가는 극명하게 갈린다. '철권통치를 한 독재자'와 '싱가포르를 바꾼 영웅'이라는 것이다. 하지만 리콴유는 어느 인터뷰에서 "나는 외국 언론에 신경 쓰지 않는다. 우리 국민들만 신경 쓸 뿐이다."라고 말했다. 그의 평가가 어찌되었든 청렴을 무기로, 싱가포르를 작지만 강한 국가로 만든 것은 변함없는 사실이다.

우리나라 역시 싱가포르 못지않게 부정부패 방지를 위한 기관이 많다. 또한 다양한 민간단체가 부정부패를 감시하고 있다. 하지만 양국 부정부패에 대한 지표는 너무 다르다. 싱가포르처럼 전 재산 몰수, 태형 같은 강한 처벌은 청렴에 도움이 되겠지만 일시적인 방법이라 생각한다.

리콴유는 30년간 싱가포르를 통치했다. 즉 30년 동안 일관된 반부패척결 정책을 편 것이다. 우리나라는 5년마다 대통령 선거를 한다. 정책의 수장이 5년마다 바뀌는 것이다. 일관된 정책을 고수할 수 없다. 정권이 바뀌더라도 지속적으로 반부패척결에 대한 정책은 이어져야 할 것이다. 단발성 선심 공약이 아니라 세금이 제대로 쓰이도록 명명백백 나라예산이 꾸려져야 할 것이다.

부정부패에 관한 정책을 맡은 사람을 믿고 외부압력 없이 오랫동안 일 할 수 있는 기관이나 정책이 나온다면 우리나라도 싱가포르 못지않은 청렴국가가 될 수 있을 것이다. 그 어떤 정권에도 독립된, 분리된 기관으로부터 청렴국가로 가는 길이 시작된다. 역사적으로도 길이 평가될 만큼 떳떳한 나라 살림살이를 해야 하는 것이다.

03

누에고치를 치지 마라.
학자 윤증

몇 년 전부터 청년들에게 도전정신이 없다고 안타까워하는 사람들이 많아졌다. 특히 기업가 정신의 부재로 국가경제의 근간이 흔들리고 있다고 답답해하는 모습을 보인다. 도전, 실패 그리고 재기가 청년의 특권이라고들 하지만 장기간 저성장, 대기업 자본유입 같은 근본적인 문제의 해결 없이 청년들에게만 기업가 정신을 요구하는 것은 잘못된 일이다.

여기서 한 가지만 더 생각해보자. 평범한 청년들만 기업가 정신이 없을까. 15년 전부터 대기업 3세대 젊은 경영인들이 빵집, 커피전문점, 치킨집 등 서민들의 생계수단을 점령하기 시작한 일은 어떤가. 빵집, 커피전문점, 치킨집도 기업가 정신을 요구하는 분야일 수 있겠지만 대기업 3세대 경영인들이 받은 경영수업이나 새로운 제조업 분야에 뛰어들 만큼의 재산을 가진 것에 비하면 도전정신이 턱없이 부족해 보이는 아이템이다. 대기업 3세 정도면 나라의 성장동력이 될 만한 것에 도전정신을 발휘했어야 했다.

초대 삼성 이병철 회장은 몇날 며칠의 고심 끝에 회사의 운명과 나라의 발전을 위해 반도체사업에 승부수를 던졌다. 그런 도전정신이 지금의 IT강국을 만드는 뿌리가 된 것이다. 현재 빵집, 커피전문점, 치킨집 사업을 하고 있는 대기업 3세대 경영인들에게도 언젠가 도전다운 도전을 하는 모습을 볼 수 있기를 꿈꾼다. 그리고 빵집, 커피전문점, 치킨집 등 서민들의 생계수단을 건들지 않고 상생하는 경영을 희망한다.

500년간 서민들의 먹거리를 건들지 않고 함께 상생을 모색한 집안이 있다. 공존을 모색한 결과 위기의 순간 상생의 힘이 발휘된 역사적인 일이 있다. 민족최대 비극이라 말하는 1950년 6.25전쟁은 많은 희생자를 낸 비극이다. 소작인들은 혼란을 틈타 자신을 괴롭혔던 지주를 살인하는 일이 빈번히 일어났다. 하지만 지주 중 살인을 피하는 건 물론 소작인들이 직접 나서서 지주를 보호했던 일화가 있다. 바로 충남 논산에 모여 사는 파평 윤가 집안 이야기다.

15세기 누에고치는 농가에 상당한 수입원이 되었다. 보통 농가는 영세하게 누에고치를 쳤지만 자본과 노동력이 있는 지주들은 큰 규모의 누에고치 사업이 가능했다. 공급이 많아지면 자동으로 가격이 떨어져 영세한 누에고치 농민들은 타격을 입지만 대규모로 지을 수 있는 지주들은 큰돈을 벌 수 있었다.

서른 세 번이나 벼슬할 기회가 있었고 임금이 직접 불러도 벼슬을 거부했던 학자 윤증은 자신의 집안에서는 절대로 누에고치를 치지 말라고 지시한다. 윤증은 소작인들의 먹거리를 빼앗을 수 없었다.

"누에고치를 치지 마라"

라는 준엄한 지시는 20세기를 넘어서도 변하지 않는 실천이었다. 세월이 흘러 일제 치하에서 독립을 맞이하고 남북이 갈라지며 곧 민족 최대 비극인 1950년 6.25 전쟁이 터진다. 파죽지세로 내려온 인민군은 충남 논산 윤증고택에 본부를 설치한다. 미군은 본부가 윤증고택에 있다는 사실을 파악하고 폭격하라는 지시를 내린다.

당시 미군부대에는 박 씨로만 알려진 통역관이 있었다. 박 씨는 윤증고택에 폭격을 하지 말 것을 지휘부에 요청한다. 하지만 그의 요청은 곧바로 묵살된다. 마음이 다급해진 박 씨는 폭격기 조종사를 찾아가 직접 설득한다.

"당신은 조선에서 가장 훌륭한 집안의 집을 폭격하는
것이요. 그 후손들은 당신을 평생 원망할 것이요."

박 씨의 설득에 폭격기 조종사는 윤증고택을 피해 폭격
을 한다. 그렇게 해서 윤증고택은 온전히 남을 수 있었다.
폭격을 막은 박 씨라는 사람은 충남 논산 사람으로 그의
부모는 누에고치를 치며 자식 교육을 시켰다. 박 씨는 가
슴속에 윤증과 윤가에 대한 고마움을 늘 간직하며 살고
있었던 것이다. 그것이 위기상황에서 박 씨로 말미암아
그가 가진 재주로 윤증고택을 온전히 지킬 수 있게 하는
힘이 되었다.

누에고치를 치지 말라 말했던 윤증의 삶을 보면 그가
청렴했다는 걸 알 수 있다. 윤증은 10살 때부터 시를 짓
고 우암 송시열 문하생 중 최고의 실력을 자랑했다. 하지
만 벼슬도 마다하고 숙종이 제안한 우의정 자리도 거절한
다. 그가 해야 할 일은 후학양성 뿐이었다.
예전이나 지금이나 후학양성에는 돈이 필요했다. 윤증
은 주변 친척들에게 십시일반 돈을 모아 아버지 윤선거가

설립한 '종학당'을 체계적으로 운영해 나가기 시작했다. 지금으로 보면 사설학교 같은 곳이었다.

종학당에서는 파평 윤가 사람은 물론 다른 집안 아이들까지도 교육을 시켰다. 철저한 계급체계인 조선사회였지만 종학당은 누구나 배울 수 있도록 허락된 곳이었다. 그리고 시간이 흘러 종학당은 유치원부터 대학교까지 전 과정을 교육하는 사설학교로 변모했다. 조선은 물론 세계적으로 유래를 찾아보기 어려운 교육기관이라고 전문가들은 말한다.

윤증과 그의 후손들은 교육의 중요성을 강조하고 실천하며 살았다. 지금으로부터 10여 년 전만해도 지금 파평윤가 후손들은 여름방학을 활용하여 종학당에서 교육을 받았다고 한다. 누구든 있는 사람은 자신의 자원으로 보람된 일을 할 수 있다. 세상에 더 선한 영향력을 발휘할 수 있는 것이다. 이런 노블리스 오블리주 정신만이 있는 사람을 바라보는 시선을 부드럽게 만들 수 있다. 있는 것이 자랑스러워지는 세상은 노블리스 오블리주의 실천에 있다.

《고수기행》등을 집필한 조선일보 칼럼리스트 조용헌 교수는 강의에서 대기업을 향해 자주 경고한다. 일어나서는 안 되지만 만약 6.25같은 일이 일어난다면 지금 대기업은 살아남을 수 있을까. 그것을 진지하게 고민해보라고 경고한다.

서민들의 먹거리를 건들고 독과점하며 폭리를 취하는 문제는 15세기부터 일어났다.

"양은 온순한 동물이지만 사람을 잡아먹는다."

15세기 정치가이자 《유토피아》를 펴낸 토마스 모어가 한 말이다. 15세기 영국의 젠트리 지주계층은 곡물생산보다 돈을 더 버는 양털사업에 혈안이 되어 있었다. 소작인들은 지주에게 경작지를 빌려 곡물을 생산하고 일부 소작료를 내며 나름대로 생활을 유지했다.

그런데 곡물생산보다 양털사업이 돈이 되자 지주들이 소작인을 쫓아내고 양을 키우기 시작했다. 논, 밭은 물론 소작인들의 집까지 허물고 양만 키웠다. 도시로 쫓겨난 소작인들은 산업혁명에 필요한 노동력을 제공했지만 사람보다 양, 즉 돈을 더 생각하는 지주계층의 모습을 보았다. 이에 토마스 모어는 '양이 사람을 잡아먹는다.'고 표현한 것이다.

청렴의 범주는 부정부패뿐만 아니라 상도덕까지도 포함한다. 특히 기초적인 생계조차 빼앗아 가는 것은 청렴을 넘어 인간적인 양심조차 버리는 일이라고 생각한다. 양이 사람을 잡아먹는 모습이 21세기에도 일어나는 것 같아 가슴 아플 때도 있다. 특히 대기업이 골목 상권까지 침해하여 내 이웃, 친척의 생계가 곤란해질 때는 더 그러하다.

부정부패가 일어나는 가장 큰 원인은 금전적인 유혹 때문이다. 자본주의 세상에서는 요람에서 무덤까지 모든 것이 돈으로 돌아가고 있다. 돈이 있으면 모든 것이 해결된다는 인식이 팽배하다. 그래서일까. 상도덕에서조차 부정부패를 저질러서라도 돈을 갖고 싶어 한다. 그리고 당장 부정부패를 저지른다고 해서 큰 문제가 일어날 것 같지 않다고 여긴다. 나와 내 가족만 잘 먹고 잘 살면 될 뿐이라고 생각한다.

하지만 전쟁이라는 위기 때 청렴했고 가진 것을 베풀며 상도덕을 지킨 사람은 살아남을 수 있었다. 윤증의 준엄한 경고를 지킨 후손들은 전쟁이라는 상황에서 그 혜택을 본 것이다. 역사는 반복된다는 말이 있다. 단지 모습만 다르게 나타날 뿐이다. 가진 자가 청렴을 바탕으로 나눔을 실천하는 정신으로 살아간다면 그 어떤 위기가 와도 그것을 거뜬히 극복할 수 있다.

04

기업은 나라를 위하고
경영은 사람을 위하고,
유일한 박사

우리나라를 대표하는 모 항공사 부사장이 서비스매뉴얼을 숙지하지 못했다는 이유로 비행기를 돌려버린 일이 발생했다. 안전을 최우선시하는 비행기를 단순히 화가 난다는 이유로 회항 시킨 일명 '땅콩리턴' 사건이다. 부사장은 재벌2세로 여론의 몰매를 맞았다.

고객이 탑승한 비행기를 자기 마음대로 돌렸다는 비난과 평소 직원들에게 했던 행동들, 부사장 동생의 언행, 재벌 2~3세들의 횡포 등이 사회에 큰 파장을 일으켰다. 부사장은 즉시 사과했지만 진정성 없는 사과와 직원 뒷조사가 밝혀지면서 부사장 아버지이자 항공사 사장까지 언론에 나와 사과해야 했다. 다 큰 딸이고 부사장 위치까지 오른 사람이 잘못한 일을 나이든 아버지가 사과하는 모습은 해외 토픽으로도 소개되었다.

문서상 편리를 위해 만든 갑을관계가 땅콩리턴 같은 문

제가 터지게 되면 사회 불합리를 비꼬는 말로 변모된다. 일명 '갑질'이다. 최근 모 식품회사 회장이 운전기사를 폭행하고 폭언한 일이 터지면서 기업인들의 도덕성 문제가 일반인들을 허탈하게 했다. 그리고 '갑의 횡포', '갑을 위한 나라' 등 비꼬는 용어를 사용하며 사회통합은 점점 요원해 보인다.

기업인들의 도덕문제로 사회통합이 어려운 상황에서 새삼 주목을 받는 기업인이 있다. 바로 유한양행 창업주 유일한박사다. 우리에겐 기업인이라는 느낌보다 박사라는 느낌이 강한 기업인이다. 땅콩리턴이 터지고 언론에서 유일한박사를 재조명했다. 방송국에서 그의 가족을 찾고 싶어 했지만 찾을 수 없었다. 유한양행회사도 가족들 연락처를 알지 못했다. 모든 지분과 재산을 사회에 환원하고, 전문경영인이 경영하는 회사로서 가족이 경영에 참여할 이유가 없다는 유일한의 뜻을 실천하고 있다. 힘들게 이룩한 기업을 사회에 환원한 유일한박사와 아버지가 세운 기업에 연락처도 남기지 않고 떠나는 가족을 보면서 우리나라에 이런 기업인이 있다는 것 자체가 자랑이다.

유일한박사는 1895년 평양에서 태어났다. 강대국 세

력의 다툼 속에서 조선은 풍전등화인 상황이었다. 그는 외국선교사와 대한제국 수화공사 박장현의 도움으로 9살 때 미국 유학길에 오른다. 인연이 되었는지 독신 자매집에 머물며 미국생활을 안착한다. 청소년이 된 유일한은 서재필 같은 사람들과 교류하며 나라 잃은 서러움이 무엇인지를 몸소 느낀다.

헤스팅스 한인 소년병 학교에 들어가 독립의지를 불태우고, 다양한 일을 하며 경험을 쌓는 동시에 미시건 대학 상과를 졸업한다. 졸업 후 1922년 동창 스미스와 동업으로 숙주나물 통조림을 생산하는 '라초이 식품회사'를 설립하면서 본격적인 사업가로 변모하기 시작한다.

당시 미국에는 중국인들이 많았기에 만두는 인기 상품이었고 미국인 역시 만두를 좋아했다. 문제는 만두 안에 들어가는 숙주나물 보관이 어려운 것이었다. 며칠만 지나면 상하는 숙주나물, 그는 보관방법을 밤새 연구해서 숙주나물통조림을 개발한다. 중국인, 미국인 모두 "원더풀"을 외칠 정도로 인기가 좋았다. 숙주나물통조림 장사가 잘 되자 숙주나물이 부족했다. 유일한은 중국으로 가서 숙주나물 수입업체와 계약을 하게 되는데 이 때 세금과 국가와의 관계를 느끼게 하는 일들을 경험한다.

중국 숙주나물 수입업자는 판잣집 같은 사무실에서 일하며 일본인도 끌기 힘든 자동차를 몰고 다녔다. 이유를 물어보니 자동차를 사면 편법으로 세금을 안 내도 된다고 수입업자는 설명했다. 땅도 크고 인구도 많은 중국이 왜 섬나라 일본에게 점령당했는지 느꼈다고 한다. 그는 바로 기업인들의 도덕적 해이가 그 원인이라고 판단했다. 훗날 유일한은 세금의 중요성을 강조하는 말을 한다.

> "불이 나면 소방서에 불을 꺼달라고 요구하는 것이 국민의 권리라면, 소방서에서 소방차를 사는데 돈을 내는 것이 바로 국민의 납세의무이다."

당시 유일한은 민족기업을 세워 경제 자립을 통해 독립을 앞당길 수 있다고 생각했다. 그는 자신이 생각하는 독립운동을 평생 실천한 셈이다. 30세가 되던 해 그는 민족기업을 세우기 위해 숙주나물 사업을 정리하고 조국으로 돌아와 유한양행을 설립한다.

모든 물자가 귀했고 그 중에서 의약품은 정말 귀했다. 그리고 일본이 독차지하고 있었다. 의과대학을 졸업한 아내 호미리의 도움으로 당장 필요한 의약품을 선정한다. 의료여건이 약한 상황을 생각해 돈을 많이 벌지 못하더라도 많이 앓고 있는 질병을 중심으로 의약품을 수입했다.

일본 의약품보다 유한양행 제품이 좋다고 소문이 나자 일본의 집요한 방해에도 불구하고 꿋꿋하게 사업을 이어 간다. 힘들게 공장을 세우고 직접 약품을 생산했는데 그 중 하나가 지금도 볼 수 있는 안티푸라민이다. 안티푸라 민을 만들어 국민건강에 큰 기여를 하며 민족기업으로 성 장한다. 하지만 태평양전쟁이 발발하고 일본감시가 심해 지자 유일한은 사장직에서 물러난다. 미국에 머물며 미 육군 OSS 한국고문으로 상륙작전을 준비했지만 1945년 8월 독립을 맞이한다.

독립한 조국은 혼란 자체였다. 남북이 갈라지면서 북한 에 있는 유한양행 창고, 공장은 사라졌다. 유한양행의 재 산 80%이상에 손실이 발생하게 된다. 의약품 원재료 구 입도 어려웠다. 미군정이 주는 원재료는 턱없이 부족했던 것이다. 어려운 환경에다 1950년 6월 전쟁발발로 모든 게 파괴되었다. 하지만 그는 일어나야 했다. 직원들이 있 고 자기가 해야 할 일이 무엇인지 알고 있었기 때문이다.

다시 시작한 유한양행은 의약업계 최초 주식을 상장하 고 재단법인 [유한학원]을 설립해 교육에 재투자한다. 그 리고 개인소유주식 1만7천주 기금을 보건장학회에 기증 한다. 이 시기에 정치자금을 요구한 이승만 정권과 청렴을 유지했던 유일한 박사의 일화가 있다.

1959년 자유당 이승만 정권은 유일한에게 3억 환의 정치자금을 요구하며 각종 특혜제공을 제안했다. 당시 유일한은 종종 해외에 나갔는데 그 이유 중 하나가 불법정치자금을 주기 싫어서였다. 자리를 피해버리는 방법이었던 것이다. 이승만 정권은 유일한에게 보복하기 위해 강도 높은 세무시찰을 시행한다. 임원들은 차라리 돈을 주자고 제안하지만 유일한은 단호하게 거절한다. "문을 닫게 되어도 할 수 없는 일이야. 그렇게까지 해가면서 사업을 하고 싶지는 않네. 정부가 정 그러면 난 유한양행을 팔아서 교육 사업에만 투자할 생각도 가지고 있네."

세무시찰은 했지만 아무것도 나오지 않았다. 적당한 구실을 잡아 법원에 고소를 하지만 법원은 증거불충분 무혐의를 내린다. 이승만 정권은 2차 공격을 시작한다. 회계직원들을 치안국 지하실로 끌고 가서 억지로 범죄를 씌우겠다고 협박한다. 목숨까지 잃을 수 있는 상황에서 직원들은 유일한 몰래 무기명통장에 있는 돈을 빼내서 준다. 나중에 이 사실은 안 유일한은 노발대발하며 화를 내지만 자초지종을 듣고 부정부패의 끝을 보여주고 있는 이승만 정권을 평가한다.

"이 정권 오래 못 갈 거야. 나 없는 사이에 고생들 많았네."

유일한의 예상대로 불법적인 정치자금과 투표조작, 3.15 부정선거로 말미암아 이승만 정권은 무너지고 만다. 박정희 정권 때도 청렴을 무기로 사업을 이어나갔다. '정확하고 신속한 납세'는 정치변화 때마다 유한양행을 건재하게 했다. 그 후 제지사업, 화장품사업, 치약사업 등 국민생활에 꼭 필요한 제품을 생산하며 정직한 기업으로 성장한다.

그는 1968년 9월 전문경영인 조권순에게 사업을 맡기고 경영일선을 떠난다. 투병하던 1971년 76세의 나이로 세상을 떠난다. 그가 떠난 후 유언장이 세상에 공개되었다.

첫째, 아들 유일선의 딸, 즉 손녀인 유일림에게는 대학 졸업 시까지 학자금 1만 달러준다.

둘째, 딸 유재라에게는 유한공고 안에 있는 묘소와 주변 땅 5000평을 물려준다. 그 땅을 유한동산으로 꾸며서 결코 울타리를 치지 말고 유한중공업고교 학생들이 마음대로 드나들게 하며 그 학생들의 티 없이 맑은 정신에 깃든 젊은 의지를 지하에서나마 더불어 느끼게 해 다오.

셋째, 유일한 자신의 소유주식 14만 941주는 전부 '한국사회 및 교육원조 신탁기금'에 기증한다.

넷째, 아내 호미리는 딸 재라가 그 노후를 잘 돌보아 주기 바란다.

다섯째, 아들 유일선은 대학까지 졸업시켰으니 앞으로는 자립해서 살아가거라.

한때 법인세를 가장 많이 내는 기업인의 유언장은 소박했다. 또 보통기업들은 아들이 경영권을 이어받길 희망하지만 대학까지 졸업했으니 자립할 것을 주문한다. 파란만장하고 뜻있게 살았던 사람의 유언이기에 현재를 살아가는 사람으로서 큰 울림을 준다.

기업가가 세금을 절세하는 건 당연하다. 하지만 탈세를 저지르는 기업인이 많다. 유일한박사를 보며 청렴과 정직이 기업에게 얼마나 중요한지를 돌아볼 수 있다. 또 사업은 개인의 것이 아니며 이윤창출은 국민의 도움으로 낼 수 있다는 생각이 있기에 유한양행은 지금까지 존재하는 것 같다. 기업인들은 그의 청렴과 자본가 정신을 배워 기업-정부-국민 모두가 이익이 되는 사업을 하면 좋겠다.

05

조선에
가장 가난한 재상,
정치가 율곡이이

대한민국 현대정치사에서 2인자를 뽑으라면 '일등은 한 번이지만 이등은 영원하다.'를 보여준 김종필 전 총리를 뽑을 수 있다. '정치9단'이란 별칭이 있을 정도로 굴곡 많은 현대정치에서 오랫동안 2인자 역할을 수행한다. 김종필 전 총리처럼 세상을 바꾼 역사적인 순간에 2인자는 항상 존재했었다.

역사상황에 항상 등장하는 2인자는 1인자에게 어떤 역할을 하는 존재일까? 첫 번째 참모다. 리더가 보지 못하는 부분을 챙기고 조언한다. 두 번째 실무자다. 바쁜 리더를 대신해 일을 한다. 세 번째는 후계자다. 영원한 1등은 없기에 리더가 물러나면 권력을 이어받을 수 있다. 네 번째는 견제대상이다. 언제든지 1등의 자리를 빼앗을 수 있으니 견제해야 하는 대상이다.

2인자 역할이 다양하지만 2인자를 잘 만난 1인자는 큰 성공을 거둘 수 있다. 참모 한명회를 만나고 나서야 수양대군은 쿠데타를 구체화시켰고, 태평천국의 난으로 혼란스러웠던 청나라는 실무자 증국번에 의해 수습되었다. 그만큼 2인자는 리더와 조직 그리고 나라까지 흔들 수 있는 사람이다. 이런 2인자가 청렴하지 않고 부정부패를 저지른다면 조직이나 나라가 혼란에 빠지는 건 당연하다. 조선에는 유능하고 청렴했던 2인자 즉 재상이 여럿 있었다. 그중에 최고의 재상을 뽑으라면 율곡이이를 빼놓을 수 없다.

출판계 인기작가로 불리는 이지성 작가의 책《리딩으로 리드하라》를 보면 율곡의 삶을 "인간의 삶이 어떻게 그처럼 아름답고 위대할 수 있는 것인지, 그는 참으로 다른 세계의 사람 같았다. 땅에서 태어났으되 하늘에 속했던 사람이었다."라는 극찬을 보냈다. 율곡 하면 학창시절 어머니 신사임당과 16세기 조선정치인, 일본침략을 대비해 '10만 양병설'을 주장한 정도로만 알고 있었지만 그를 알면 알수록 하늘에 속했던 사람이라는 생각이 든다. 그리고 청렴했던 그의 삶은 우리에게 많은 교훈을 준다.

1536년에 태어난 율곡이이는 어머니 신사임당으로부

터 지극한 사랑과 교육을 받고 자란다. 어릴 때 《논어》, 《맹자》, 《대학》등을 읽으며 유학자의 길을 연다. 13살이 되던 해 장원급제하며 천재로 이름을 알리고 29세가 될 때까지 총 아홉 번의 과거시험에 응시해 모두 장원급제를 했다. 사람들은 그를 '구도장원공'이라 불렀다.

지금의 나이로 치자면 초등학교 6학년 때 장원급제했기에 승승장구 할 것 같았던 그였지만 16세 때 어머니 신사임당의 죽음으로 인하여 좌절과 방황의 시기를 겪는다. 3년의 시묘살이와 방황 끝에 삶의 뜻을 바로 세우지 않으면 언제든지 갈팡질팡 할 수밖에 없다는 사실을 깨닫고 삶의 지표가 되어줄 〈자경문〉을 써 삶의 지침으로 만든다. 그리고 더 이상 삶을 허비하지 않기로 다짐한다.

20살 때 쓴 〈자경문〉에는 청렴을 강조한 소제욕심(掃除慾心)이 담겨있다.

"재물을 이롭게 여기는 마음과 영화로움을 이롭게 여기는 마음은 비록 쓸어 없앨 수 있다고 하더라도, 만약 일을 처리할 때에 조금이라도 편리하게 처리하려는 마음이 있다면 이것도 또한 이로움을 탐하는 마음이다. 더욱 살펴야 할 일이다."

재물의 이로움은 물론 일 처리할 때 편해지려는 마음도 이로움을 탐하는 마음이라 생각했다. 성실함과 청렴 두 가지를 다 신경 쓴 것이다. 그는 모든 일의 처리에도 투명하고 신속했기에 1581년(선조14년) 건강상의 이유로 4차례나 사직을 청했으나 윤허하지 않았다. 지금으로 말하면 몸이 아파 쉬고 싶어도 일 잘한다고 사장이 놓아주지 않는 꼴이다. 그만큼 믿을만한 사람이었다.

〈자경문〉에는 정의지심(正義之心)이란 말도 있다. 남에게 피해를 끼쳐 자신의 영달을 추구하지 않고 불의를 행하지 않겠다는 뜻이다. 율곡은 30살 때 청렴하지 못한 사람을 보며 정의지심을 행한다.

예조좌랑으로 옮겨간 시기, 영의정이자 왕의 외삼촌인 윤원형의 횡포가 극에 달했지만 누구하나 명종에게 횡포 사실을 말하지 않았다. 을사사화의 장본인인 윤원형을 건들면 언제든지 숙청당할 수 있었기 때문이다. 누구하나 말 못하고 전전긍긍한 사이 율곡은 상소를 올린다. 윤원형과 그의 수족인 요승(妖僧) 보우를 쫓아내야 한다는 내용이었다. 주변에선 죽음을 스스로 좌초했다고 경고했지만, 신하된 자로서 임금에게 바른 소리를 못하면 신하가 아니라며 꿋꿋이 견딘다. 명조는 율곡의 상소를 받아들여

윤원형과 보우를 쫓아낸다. 목숨을 버려서라도 지킬 건 지키는 율곡의 의지를 보인 예화이다.

현재 공공기관이나 단체에서도 임기제로 리더를 선출 하는 곳이 있다. 직원들도 그 때만 조심하면 된다는 생각 으로 일하는 경우를 종종 보기도 한다. 선출된 리더 역시 잘 넘어가자고 생각하는 경우가 있다. 누군가가 시작하지 않으면 바꿀 생각을 아예 하지 않는다. 개혁이 어려운 조 직에서는 율곡처럼 강직한 사람이 리더가 되어야만 개혁 이 가능하게 된다.

율곡은 40세가 되던 해에 제왕학이라 불리는《성학집 요》를 집필해 선조에게 바친다. 그 후 정계은퇴 준비를 한 다. 은퇴를 선언한 이유는 평생소원인 서모(庶母)권씨와 형 제들과 함께 살고 싶었기 때문이다. 문제는 재산이었다. 율곡이 벼슬에 있을 때 권세를 활용해 얼마든지 재물을 탐 할 수 있었지만 워낙 청빈했기에 돈이 없었다.

권씨와 형제들을 모으니 100여명이 넘었다. 이들을 먹 여 살리기 위해 양반 사대부들이 상상할 수도 없는 방법 으로 생계를 해결한다. 바로 대장간을 차려서 농기구를 만들어 판 것이다. 사농공상 차별이 심했던 조선에서 9개 과거시험 모두를 장원급제한 사람이 대장간에서 일한다는 건 획기적인 소식이었다.

대장간에서 일한다는 소식을 들은 친구이자 재령군수 최립은 쌀가마니를 보낸다. 강직했던 율곡은 돌려보낸다. 형제들이 돌려보낸 이유를 묻자 "친구가 사사로이 옛정을 잊지 않고 보냈다면 받지 못할 까닭이 없다. 그러나 관아의 곡식을 덜어서 보낸 것 같아 도저히 받을 수가 없었다."라고 말했다. 배가 고프더라도 관아의 곡식은 받을 수 없다는 청렴정신이다. 율곡은 힘들더라도 깨끗하게 100여명 식구들을 챙기며 자리를 잡아간다.

그는 생계해결 때문에 바쁜 상황에서도 집필에 몰두했다. 수양하는 방법을 담은《격몽요결》, 당시 문화와 사고를 알 수 있는《소학집주》등을 펴낸다. 그는 45세가 되던 1580년 정계은퇴 선언을 했지만 선조의 부름으로 다시 벼슬길을 간다.

율곡은 비참한 백성들의 생활구제를 할 계책을 세우도록 간청했고, 황해도와 평안도 백성을 괴롭히는 6가지 폐단의 혁파 주청, 10만 양병설 등 나라에 필요한 대책과 폐단을 거침없이 제안했다. 하지만 실력이 뛰어나면 시기하는 사람도 많은 법이다. 48세가 되던 해 모함을 받고 탄핵된다. 율곡은 조용히 벼슬에서 물러난다.

율곡의 탄핵 소식을 들은 성균관 유생들과 전국 양반들은 탄핵을 반대했고 모함을 철저히 조사하라고 요구한다. 율곡을 탄핵한 선조는 후회하고 간청하다시피 하여 율곡을 불러 다시 나라를 돌본다. 일 년이 흘러 굴곡 많은 그의 삶도 서서히 지쳐갔다. 1584년 정월 14일 나라걱정에 북쪽시찰을 가려던 서익을 불러 방책을 알려주고 이틀이 지난 16일 세상을 떠난다. 벼슬이 있어도 청렴해 거처가 없었고 장례비용이 없어 친구와 제자들이 십시일반으로 돈을 모아 장례를 치른다. 왕의 간청을 받을 정도로 출중했던 인물의 장례는 소박함을 넘어 청빈함 자체였다.

일본침략을 대비해야 한다던 10만 양병설을 주장한 율곡이 떠난 8년 후, 그의 예상대로 일본을 통일한 도요토미 히데요시는 조선을 침략한다. 그리고 조선은 지리멸렬한 전쟁의 혼돈 속으로 빠져든다.

율곡이 떠날 때 남긴 것은 집필한 책이 전부였다. 재산도 없었고 집도 없었다. 하지만 그는 청렴정신과 백성을 사랑하는 마음, 성실함 등 많은 것을 남겼다. 우리가 역사를 배우는 이유 중 하나는 교훈을 얻기 위해서다. 그 교훈은 후손들에게 울림으로 전달된다.

율곡은 우리에게 많은 걸 남겼지만 그를 통해 무엇을

배울지는 우리가 선택해야 한다. 그 중에서 청렴은 꼭 우리가 배워야 할 정신이다. 백년지대계, 천년지대계하고 할 수 있을 만한 것이다. 헬조선이 아니라 살고 싶은 나라는 청렴이 밑바탕이 되어야 한다. 그래야 살고 싶어지는 나라가 된다.

06

남미의 희망
브라질 룰라 대통령

대통령 임기 말에 자주 등장하는 단어가 레임덕(lame duck)이다. 직역하자면 '절음발이 오리'다. 레임덕은 대통령 임기 말 누수현상으로 대통령의 말을 듣지 않는 현상을 말한다. 대통령 취임 때는 하늘을 나는 용처럼 강했지만 임기 말이 되니 이젠 떨어지는 일만 남았다. 항룡유회로 눈물을 흘리며 내려와야 한다. 더욱이 참모진들이 차기 권력자에게 잘 보이기 위해 자신을 등한시 한다면 권력무상(權力無常)마저 느끼게 된다. 그리고 역사평가를 기다린다. 권력무상 다음의 역사평가는 이 지구상에 존재하는 모든 권력자들의 숙명이다.

대통령으로서 가장 큰 영광이 있다면 물러날 시기에 국민들이 자발적으로 나서서 재선임을 요청하는 것이 아닐까 생각한다. 현직에 있을 때 정치를 잘해서 다시 대통령이 되어달라고 하는 요구는 대통령에게는 가장 큰 영광이라 생각한다.

100% 모두를 만족시키는 리더는 존재하지 않지만 우리나라 대통령 중에도 임기가 끝날 시기 국민들이 자발적으로 재선임을 요청하는 대통령이 나왔으면 좋겠다. 모든 권력은 국민에게 있기에 국민이 자발적으로 나선다면 헌법 역시 바뀔 수 있다. 그리고 그런 인물에게 투표하는 안목 역시 우리가 갖춰야 할 지혜라 생각한다.

2010년 세계를 놀라게 한 임기 말 대통령이 있다. 레임덕현상이나 야당보복 걱정 없이 차분하게 임기 말을 보내고 있는, 대통령을 물러난 브라질 룰라 전 대통령이다. 퇴임 전 지지율 87%라는 전무후무한 지지 속에서 임기를 끝냈다. 그리고 자신이 지지한 지우마 호세프 후보자가 차기 대통령으로 당선되었다. 그는 영광스럽게 퇴임한 대통령 중 한 사람으로 기억될 것이다.

브라질은 풍부한 자원과 많은 인구를 자랑하며 남미를 대표하는 국가지만 오랜 기간 동안 포르투갈 식민지와 1990년대 군부독재, 민주화투쟁, 정치인들의 부정부패 탄핵 등 복잡한 상황으로 국민 절대다수는 가난을 벗어나지 못했다. 무엇보다 빈부격차가 고착화 되었다. 빈부의 고착화로 상류층과 서민들의 소통과 화합은 시도된 적이 없었다.

2003년 룰라가 취임할 당시 브라질 상황은 좋지 않았다. 인구 45%가 하층 또는 극빈층이고 실업률은 11.5%, 물가 상승률 12.5%, 문맹률도 높았다. 고질적인 관료와 정치인들의 부정부패로 사회개혁이 쉽지 않았다. 더욱이 좌파정권인 룰라를 우려해 브라질 내 외국기업들은 철수를 준비하고 있었다. 브라질 역대 최다 득표율인 61.3%로 취임한 대통령 앞에는 어려운 과제들이 산적해 있었다.

룰라는 1945년, 8남매 중 7째로 태어났다. 그가 태어난 가라늉스 지역은 가난한 브라질에서도 가난한 마을이었다. 7살 되던 해 가족은 먹고 살기 위해 상파울루시 외곽으로 이사한다. 룰라는 생계를 위해 어린 시절부터 땅콩을 팔고 구두닦이를 한다. 구두닦이 시절 손님들이 해주는 세상 돌아가는 이야기 듣기를 좋아했다. 그리고 어느 아이들처럼 축구를 좋아했는데 재임시절 브라질 주요 축구경기를 줄줄 암송해 사람들에게 놀라움을 주었다.

그는 경제여건이 나아지지 않자 초등학교를 중퇴한다. 초등학교 중퇴가 그의 공식학력이다. 배우지 못했기에 책을 가까이하고 항상 배운다는 자세를 잊지 않고 살아간다. 18살 되던 해 3년 과정으로 운영하는 선반기술자 과정을 이수하고 본격적으로 선반공으로 살아간다.

취업이 어려운 시기 룰라의 취업은 가족들의 큰 잔치였다. 룰라 역시 가정에 도움이 될 수 있다는 생각으로 열심히 일한다. 하지만 선반공으로 일한지 2년 후에 사고를 당한다. 거대한 프레스 덮개가 왼쪽 새끼손가락을 절단한다. 브라질은 경제성장을 위해 우후죽순처럼 환경이 열악한 공장들이 들어오고 있었고 그 안에서 많은 사람들이 산업화의 희생양이 되었다. 보상은 이루어졌지만 룰라 역시 희생양 중 한 사람이었다.

그는 1968년 선반공을 하면서 노조활동을 시작한다. 노조활동은 그의 삶에 큰 영향력을 행사한다. 룰라가 처음부터 사회에 관심이 있었던 건 아니다. 여느 젊은 노동자처럼 축구를 좋아하고 아가씨들과 데이트에 관심이 있었다. 하지만 수많은 노동자들의 파업을 보면서 서서히 사회 문제에 관심을 갖기 시작한다. 노조에 가입하고 금속노조 이사로 선임되었어도 열정적이지 않았다. 하지만 첫 번째 부인이 임신 중 간염으로 사망하자 사회에 문제가 있음을 알아간다. 3년간의 방황 끝에 현재의 아내 마리자 레치시아와 재혼하고 아내의 지지 속에서 노조활동에 적극적으로 뛰어든다.

이후 노동자당(PT)을 창당하고 주지사출마, 중앙노동차 총연맹(CUT), 연방의원선거 등 노조와 노동자당의 지지 속에서 정치행보를 이어간다. 1989년 30년만에 실시된 대통령 직접선거에 출마했지만 낙선, 1994년 대통령 출마 낙선, 1998년 대통령 출마 낙선이 이어진다.

그는 낙선 때마다 힘든 시기를 보냈지만 포기하지 않았다. 그리고 2002년 압도적인 표차로 대통령에 당선된다.

룰라의 지도력이 칭송을 받는 건 어느 누구를 공격하거나 희생을 강요하지 않았던 것 때문이다. 통합을 위해 현장을 뛰어다녔고 무조건 밀어붙이는 것이 아니라 설득을 통해 일을 이루었다. 철저히 좌파정권으로 살았던 룰라를 믿지 못했던 해외자본을 달래기 위해 룰라는 철저히 친시장정책을 펼친다. 통화 긴축률을 강화해 재정흑자를 높이고 자본유출 방지를 위해 이자를 높게 잡는다. 그리고 해외기업 유치를 위해 많은 노력을 기울인다. 여기에 삼성, LG, 현대 등 국내기업도 대거 참여한다.

친 시장정책을 펼치면서도 빈곤구제로 함께 나아간다. 빈곤구제 프로그램을 발표할 때 곳곳에서 회의를 보냈다. 하층민들을 대가없이 일방적으로 지원하면 그들의 손을 버린다는 주장이다. 하지만 룰라는 "왜 부자들을 돕는 것은 '투자'라 하고, 가난한 이들을 돕는 것은 '비용'이라고 말하는가?"라고 말하며 지원한다. 단 지원조건이 있었다. 아이들을 학교에 보내고 결석률 15%만 유지였다.

거리장사가 아닌 학교로 돌아온 아이들에게는 글을 가르쳤다. 그 후 직업프로그램과 연결해 좋은 일자리를 꾸준히 제공하는 선순환 구조를 확립한 것이다. 정부지원으로 빈곤에서 탈출하고 일자리를 얻은 중산층은 다시 내수시장을 확대시켰다. 또 사회통합을 위해 공무원연금 개혁을 단행한다. 당시 브라질 공무원은 일반 퇴직자 연금에 비해 15배, 사법부의 경우 33배에 이르렀다. 공무원들의 과도한 혜택을 줄인 것이다. 개혁을 단행하면서 긍정의 기운인지 몰라도 브라질에 행운이 쏟아지는데 대규모 유전발견, 세계경제회복, 월드컵유치 등 룰라의 인기가 올라간다.

영원히 잘나갈 것 같았던 룰라에게도 부정부패 때문에 위기가 다가온다. 재선거를 1년 앞둔 시기에 마치 약속이나 한 듯 룰라정권의 부정부패 스캔들이 쏟아져 나온다. 특히 룰라의 의회감당비서관은 선거자금으로 불법도박장 보스의 돈을 갈취한 일과 앰뷸런스 구매 사기사건에 얽힌 60명 관료, 정치인들로 인하여 룰라 정권을 위협했다.

룰라는 상황을 직시하고 철저한 수사를 지시한다. 룰라가 직접적으로 저지른 부정부패는 없었기에 수사는 측근과 노동자당에 집중되었다. 언론은 연일 부정부패 보도로 룰라의 재선거에 낙선을 예상했다. 하지만 룰라만큼은 청렴했다. 브라질은 정치적으로 낙후된 상황이었고 주정부와 지방정부 공금지출권한 불일치, 동맹정치 보편화, 난립하는 지역개발 등 부정부패 요소가 산적했다. 룰라정권이 들어섰지만 부정부패를 통째로 뿌리 뽑지는 못했다.

2006년도, 개혁에 성공했지만 연일 터지는 부정부패 스캔들 속에서 대통령선거가 이어졌다. 상황은 어려워 보였지만 룰라는 포기할 수 없었다. 진행 중인 개혁을 마무리해야 했고 자신만큼은 청렴했음을 보여야 했다. 선거결과 국민들은 룰라를 믿어줬다. 재선에 성공한 것이다. 이후 친 시장정책과 빈민구제프로그램을 성공시키며 지지도 87%라는 기록으로 퇴임을 한다.

룰라대통령을 지켜본 미국 오바마 대통령은 "이 분이야말로 세계에서 가장 인기가 많은 대통령이다. 룰라대통령은 나의 우상이다. 나는 그를 깊이 존경한다."라며 극찬을 했다. 부정부패 스캔들로 룰라가 직접적으로 연루되었다면 재선은 물론 그의 일련 된 개혁은 물거품으로 끝났을 것이다. 결국 청렴했고 성실히 주어진 대통령직을 수행했기에 아쉬움과 고마움을 남긴 채 떠나는 대통령이 된다.

우리나라는 정치와 역사 등 많은 부분이 브라질과 다르다. 하지만 청렴한 리더만이 개혁에 성공할 수 있다는 공통점이 있다. 특히 선거 때마다 나타나는 소모적인 색깔론과 이념 전쟁을 보면서 합리성을 바탕으로 끈질기게 설득하고 개혁을 추구한 룰라대통령 같은 리더가 그리울 때가 있다.

지도자를 잘 만난다는 것은 국민으로서는 아주 큰 행운이다. 지도자 한 사람에 따라 나라가 몇 십 년 앞서나가기도 하고 후퇴하기도 한다. 우리에게는 지도자에 대한 행운이 있었을까. 기존 대통령들이 줄줄이 부정축재에 연루된 모습만으로도 씁쓸하다. 자신이 떳떳하지 못한데 주변이나 측근을 감시할 수나 있을까.

언젠가 정말 괜찮은 리더 한번 만나고 생을 마감하고 싶은 것이 한 개인의 소망이라면 소망이다. 그래야 정말 잘, 눈 감을 수 있을 것만 같다. 내 나라 대한민국에 대한 사랑을 간직하면서.

07

'포청천'
공평무사의 화신,
정치가 포증

한 사건, 한 인물을 두고도 여러 사람의 머리에는 다양한 이미지가 존재한다. 역사인물도 마찬가지다. 인물은 한 명이지만 인물을 보는 이미지는 크게 네 가지가 있다. 바로 역사 이미지, 민간 이미지, 문학 이미지, 종교 이미지다. 모든 건 상대적이기 때문에 한 이미지가 긍정적이면 다른 이미지는 부정적이다.

하지만 네 가지 이미지 모두 긍정적인 평가를 받는 사람이 종종 있다. 그들의 공통점은 딱 하나밖에 없다. 바로 청렴한 사람이었다는 것이다. 중국역사 중 네 가지의 이미지에서 모두 긍정적인 평가를 받은 몇 안 되는 사람이 바로 포청천이란 별명이 가진 포증(999~1062)이다.

우리나라에서 포청천하면 가장 먼저 떠오르는 모습은 1993년 KBS에서 방영 된 '판관 포청천'의 모습이다. 당시 초등학교, 중학교 남자아이들의 세상에서는 필수시청이었고 여학생들도 챙겨봤던 베스트 드라마였다. 검은 얼굴로 이마에는 초승달이 있었고 현명한 판결과 공정한 조사로 백성들의 억울한 문제를 해결해갔다. 무협영화만 있었는데 드라마 포청천의 등장은 쇼킹자체였다. 드라마 이미지가 너무 강해서인지 포청천의 실명이 포증(포공은 사람들이 부르는 존칭)인지, 실존 인물인지 조차 모르는 사람이 많다.

드라마 판관 포청천은 포증을 담아냈지만 사건들 대부분은 허구에 가깝다고 한다. 사건을 모아 소설로 만든《포공안》은 포증을 존경했던 후대 사람이 지은 것이다. 포공 신화를 만들고 싶어 포증이 해결하지 않은 판결까지 끼어 넣고 그를 칭송했다. 그만큼 포공의 인기는 하늘을 찔렀다. 또 포청천의 검은 얼굴은 당시 청렴한 사람을 철면무사(鐵面無私)라 불렀는데 철이 검은 색이기에 검은 얼굴로 표현했다. 포증은 공명정대함과 청렴의 상징이며 현재까지 중국 사람들에게 인기가 높다.

포증은 북송수도 개봉에서 부윤이 된다. 지금으로 말하면 서울시장 격이다. 당시는 시장이 행정권과 사법권 모두를 가지고 있었다. 처리해야 할 일도 많았지만 재물에 대한 유혹도 많은 자리였다. 자리와 상관없이 부정부패 유혹에 넘어가지도 않고 지위고하를 막론하고 공정한 업무처리로 포증에 대한 민요가 있었다.

"관계가 통하지 않는 존재는 포공과 염라대왕 뿐이다."

여기서 관계는 부정부패와 사적인 이익을 말한다. 관계는 염라대왕과 포공만 통하지 않았다. 그만큼 강직했던 인물이다. 강직한 이미지와 함께 인간적인 이미지도 가지고 있다. 19살 때 과거에 급제했지만 편찮은 부모님을 모시기 위해 벼슬길을 미루었다. 그 기간이 10년이 넘을 정도로 효자였고, 첫째 아들이 일찍 죽자 21살 며느리를 걱정해 재혼을 허락했다. 시집온 며느리를 재혼시킨다는 건 당시로선 가문 망신을 각오한 일이었다.

포증은 억울한 사람이 없도록 빠른 사법처리를 시도한다.《송사》〈포공전〉에 보면 상세히 나와 있다. '과거에는 소송 사건을 뜰아래에서 처리하지 않았으나 포증은 정문을 열고 앞에 나와 시비곡직을 진술하게 하니 관리들이 감히 속이지 못했다.' 억울한 일이 있으면 관청정문에 가서 직접 고했기에 중간과정이 없어서 억울함은 줄어들었다. 당시 사법권은 권력층의 전유물로 자신을 보호하기 위한 하나의 장치였는데 포증은 공정한 세상을 만드는 도구로 활용했다.

그는 청렴으로도 유명하다. 특산물 중 벼루로 유명한 단주에서 벼슬을 할 때 부임한 관료에게 벼슬을 주는 게 관례였다. 또 부임한 관료가 조정에게 바친다고 거짓말을 하고 벼루 일부를 빼돌리는 등 벼루는 부정부패의 상징이었다. 포증은 조정에서 요청한 벼루만 만들도록 시켰고 자신은 단 하나도 챙기지 않았다. 이 때문에 "단주에 와서 벼루조차 가지고 돌아가지 않았다"고 칭송한다.

포증은 관료들 사이에 유행했던 시를 짓거나 노래를 짓지 않았다. 그가 죽은 후 후대 사람들이 그가 조정에 올린 글을 정리해《포증집》을 만들었는데 그 안에 청렴과 부정부패에 관한 글이 많았다. 특히 포증은 자녀들에게 청렴할 것을 강조했다.

"후손들 가운데 관리가 되어 뇌물 수뢰 등으로 죄를 지은 자는 고향에 돌아오지 못하게 하고, 죽은 뒤에는 가족 무덤에 묻히지 못하게 하라. 내 말을 따르지 않으면 내 자손이 아니다."

《포증집》에 오언율시가 1편 있는데 당시 대부분의 오언율시는 자연예찬이나 자신의 포부를 말했지만 포증은 청렴을 강조했다.

깨끗한 마음을 다스림의 근본으로 삼고
바른 길을 몸소 실천한다.

가지를 다듬어 마침내 기둥을 이루고
좋은 강철을 낚시 바늘 쓸 수는 없는 법.

창고가 넉넉하면 제비나 참새도 기뻐하고
풀이 다 떨어지면 여우와 토끼가 시무룩해한다.

역사책에 유언을 남기니
후손에게 부끄러움 없도록 하리라.

포증은 깨끗하게 살라고 권유하고 그런 사람만이 나라의 기둥이 될 수 있다고 말한다. 쥐나 개처럼 남의 것을 훔치지 않아야 후손들에게 부끄럽지 않다고 강조한다. 공평무사의 화신 포증이 청렴을 얼마나 강조했는지 알 수 있다.

역사는 시간이 지나면 입맛에 맞게 변질된다. 관청에 문을 활짝 열고 억울함을 호소하게 하고, 다 챙기는 벼루에 관심조차 보이지 않고, 갖가지 유혹에도 넘어가지 않기에 염라대왕과 동급 취급을 받은 포증도 역사의 변질을 피해갈 수 없었다.

부정부패와 탐관오리 횡포가 극심해질수록 후대 사람들은 포증을 그리워했고 그를 칭송했다. 그의 역사 왜곡은 심해지고 신화로 변화되었다. 그리고 드라마 포청천으로 많은 사람들의 가슴을 시원하게 한다.

여기서 잠깐 생각해야 할 부분이 있다. 포증이 신화가 되고 뜨고 있다는 사실은 세상이 혼탁해졌다는 뜻이지 않을까? 세상이 공명정대하고 부패하지 않았다면 포증같은 인물은 필요하지 않다. 몹시 탁하고 보통사람들이 살아가기가 힘들기 때문에 포증을 더 찾고 있다고 볼 수 있다. 만약 포증이 살아난다면 자신의 변질 된 모습을 보고 아파했을 것이다.

포증은 부정부패 한 세상을 바로 잡고 싶었다. 그리고 억울한 사람이 없게 사법서비스를 대폭 개선했다. 그의 행보는 많은 사람들의 속내를 시원하게 해주었다. 마지막으로 청렴했기에 이런 행보가 가능했다고 볼 수 있다.

포증이 여느 정치인이나 관료처럼 부패했다면 그가 개혁했던 일을 먹혀들지 않았을 것이다. 또한 신화 같은 이야기는 존재하지 않았고 공소시효 없는 역사 속에서 부패한 인물로 기록될 수 있었다. 모든 건 청렴했기에 역사 이미지, 민간 이미지, 문학 이미지, 종교 이미지에서 최고의 찬사를 받고 있다고 생각한다.

그의 이미지는 좋지만 청렴한 세상이라면 그를 찾지 않을 것이다. 시간이 갈수록 포청천의 이미지가 없어지길 희망한다. 그가 한 나라를 뛰어넘어 남을 수 있는 것은 청렴한 세상, 유토피아에 대한 꿈이 있기 때문이다. 또한 억울한 사람이 더 이상 나타나지 않기를 희망하는 우리 모두의 희망 때문일 것이다.

08

청렴 속에 풍요롭게
살다간 정승,
정치가 맹사성

사람들에게 가장 존경하는 인물을 조사하면 세종대왕이 부동의 1위를 차지한다. 조선개국 후 나라의 기틀을 잡고 문민정치를 이룬 세종의 치세(治世)는 많은 사람의 도움이 있었다. 그중에서 황희와 맹사성은 빼놓을 수 없는 인물이다.

조선 500년에서 정승벼슬을 지낸 사람은 많았지만, 백성에게 정승이라 불리는 사람은 대체로 4명뿐이다. 황 정승(황희), 오리 정승(이원익), 상 정승(상진) 맹 정승(맹사성)이다. 이들 4명 모두 청렴했고 탁월한 업무능력으로 임금을 도왔다. 세종은 황희와 맹사성의 도움으로 조선 최고 임금 반열에 올라간다. 리더로서 세종은 스타일이 다른 두 사람을 적절하게 기용한다. 황희는 뚝심 있고 강직한데다가 학자적 기질이 있어 이조 병조와 외교문물을 담당하는 자리에 앉히고, 맹사성은 섬세하고 예술가적인 기질이 있어

예조 공조와 과거응시 관리를 명한다. 능력이 있는 신하가 둘이나 있던 세종 역시 행운이었다.

조선의 많은 인물 중 맹사성만큼 일화가 많은 사람도 없을 것이다. 그만큼 굴곡진 인생과 희극적인 인생을 살았던 사람이다. 많은 일화에서 청렴은 빼놓을 수 없는 존재다. 맹사성 이 청렴했기에 풍요로운 일화를 남기지 않았나 생각한다. 마치 그물에 걸리지 않는 바람처럼 말이다.

19살 때 장원급제한 맹사성은 파주 군수가 된다. 하늘 높은 줄 모르고 기고만장했던 그는 자신의 실력을 테스트하고 싶어 파주에 고승을 찾아가 떠보는 질문을 한다.

"스님 군수로서 지표로 삼아야 하는 좌우명이 무엇이 있습니까?"

"나쁜 일하지 말고 착한 일하면 됩니다."

"그건 삼척동자도 다 아는 사실 아닙니까?"

스님은 대답하지 않고 차를 따랐다. 차가 찻잔에 넘치자 맹사성은 바닥이 젖는다고 말하자 스님은 다시 입을 연다.

"찻잔이 넘쳐 바닥을 적시는 것은 아시면서, 지식이 넘쳐 인품을 망치는 것은 어찌 모르십니까?"

부끄러운 맹사성은 도망치듯 방문을 나가려 하자 방문

에 머리를 부딪친다. 마치 기다렸다는 듯 스님은 맹사성에게 경고한다.

"고개를 숙이면 매사에 부딪히는 법이 없지요. 겸손을 배우려 하지 않는 자는 아무것도 배우지 못합니다."

스님에게 호되게 혼나고 겸손한 마음으로 벼슬에 임한다. 그리고 청렴과 겸손으로 서서히 세상에 이름을 알린다.

비가 오는 어느 날 한 대감이 맹사성의 집을 방문한다. 집은 너무 낡아서 방안에는 비가 새고 있었다. 맹사성은 빗물을 받는 그릇을 교체하기 바빴다. 대감은 정승이나 된 사람이 비가 새는 집에 사는 것을 안타까워한다. 하지만 맹사성은 이런 집도 없는 백성을 생각하면 내가 본분을 다하지 못하고 있는 것 같아 부끄럽다고 대답한다. 맹사성의 청렴과 관료에 임하는 자세를 보고 대감은 다시한 번 높이 평가한다.

맹사성은 청렴했기에 따로 수행원을 두거나 말을 타고 다니지 않았지만 유별나게 검은 소를 타고 다녔다고 한다. 소를 타고 피리를 부는 모습은 예술가적 기질을 그대로 반영한 일이다.

효성이 지극한 맹사성은 고향 온양에 계신 부모님을 찾아간다. 허름한 옷차림에 소를 타고 내려간다. 한양에서 온양으로 가는 길에 경기도 이천 장호원을 거치는데 장호원에 있는 진위현감이 맹사성을 대접하기 위해 기다렸다. 현감은 맹사성을 잘 대접해 더 높은 벼슬자리를 얻어 볼까 하는 생각이었다. 잠시 후 행렬이 보이기 시작했다. 현감은 한걸음에 달려가 인사하려 했지만 알고 보니 이웃 양성현감이었다. 양성현감도 맹사성을 대접할 요량이었다. 둘의 목적은 똑같았다. 잘 대접해 좋은 벼슬을 받아볼 요량이었다.

시간이 흘러도 맹사성 행렬은 보이지 않고 검은 소를 탄 사람이 피리나 불고 있었다. 기분이 상한 두 현감은 정승이 곧 지나가니 어서 물러가라 지시한다. 맹사성은 딴짓하며 대답하지 않았다. 현감이 너는 누구인데 말을 안 듣느냐 다그치자 맹사성은 웃으며 답한다.

"온양 가는 맹꼬불이가 소타고 간다고 일러라"

맹사성의 호는 고불인데 백성들이 친근하게 생각해 '꼬불'로 불러 '맹꼬불'이 된 것이다. 현감들은 하인을 시켜 내쫓는다. 시간이 흘러 곰곰이 생각한 두 현감은 꼬불이 고불 맹사성임을 직감하고 쫓아간다. 허겁지겁 달려가는 도중 현감의 인(印)을 연못에 빠뜨린다. 사람들은 이 연못을 인침연(印沈淵)라 부른다. 이처럼 맹사성은 지방에 파견 갈 때 농민으로 변장하는 등 여러 가지 방법으로 뇌물수수나 로비를 막을 수 있었다.

그는 청빈한 삶을 살았기에 거리낌이 없었다. 그래서 왕에게 간언하는 것 역시 거침없었다. 세종이 맹사성에게 《태종실록》편찬을 감독시킨다. 맹사성은 밤낮가리지 않고 편찬과 감독에 몰두한다. 편찬이 끝나자 세종에게 보고 한다. 세종은 맹사성에게 《태종실록》을 볼 수 있는지 물었다. 맹사성은 세종에게 경고하듯 볼 수 없다고 말한다.

"왕이 실록을 보고 고치면 반드시 후세에 이를 본받게 되어 사관(史官)이 두려워서 그 직무를 수행할 수 없을 것입니다."

세종 역시 현명한 군주이기에 맹사성의 뜻을 이해하고 읽어보지 않았다. 예술가적 기질과 풍류가다운 삶을 살았지만 일에서 만큼은 청렴과 공사를 잘 구분한 사람이다.

그래서 백성들은 그를 높게 평가했고 후대 역사평가 역시 그를 명재상이라 불렀다.

맹사성의 능력은 사람에서 시작된다. 청렴한 모습과 사람에게 귀천이 없다고 생각하고 계급과 상관없이 백성들과 가까이에 있는 삶을 살아서 정책과 감찰 모두 백성의 현실을 반영했다. 결국 사람을 위한 정치가였다. 사람을 위한 정치는 정직과 청렴이 우선이다. 맹사성은 19살 때 스님에게 얻은 교훈을 평생 간직했고 실천했다. 또한 풍류가, 예술가 같은 삶으로 지금도 많은 팬을 확보한 사람이다.

우리는 맹사성의 삶에서 청렴의식과 풍류의식을 배워야 한다. 청렴한 사람은 가난하다고 생각한다. 청렴은 가난이 아니다. 맹사성은 주어진 녹봉으로 살았고 녹봉이 적어 가난했을 뿐이다. 가난하지만 풍류의식이 있기 때문에 당당했고 자신감이 넘쳤다. 그리고 사람 위에 사람 없고, 사람 아래 사람 없음을 몸소 실천하며 모든 사람과 두루두루 잘 지낼 수 있었다. 우리도 청렴을 추구하면서 풍류를 만들어보자. 그 방법은 맹사성에게 배우면 된다. 그물에 걸리지 않는 삶을 살자는 말이다. 그것은 마음이 부자인 사람만이 알 수 있는 세계이다. 마음이 가난하다면 진짜 가난한 사람이다. 마음만큼은 누가 풍류의식을 빼앗을 수 없다. 멋을 지닌 한 개인으로 한 세상 행복하게 살다 가면 그 뿐 아니겠는가. 물질 때문에 누려야 할 정신까지 피해를 보는 일은 없어야겠다.

09

세계최고 청렴은
소통으로 나온다,
타르야 할로넨 대통령

 2002년 핀란드 대통령 타르야 할로넨이 김대중 대통령 초청으로 한국을 공식방문 한다. 국빈이기에 불편함이 없도록 모든 편의를 제공했다. 그런데 타르야 할로넨 대통령의 행동에 많은 사람들이 놀랐다. 우리가 알고 있는 대통령의 이미지와 완전히 달랐기 때문이다. 호텔에서 주는 갖가지 편의를 거절하고 치약도 여행용 치약을 가져와 사용했다.

 또 직접 챙겨온 다리미로 외출복을 다려입었다. 전문 미용사의 머리 손질과 전문마사지사의 서비스를 모두 거절했다. 공식 일정이 끝나면 경호원 없이 수영장에 가고 외국 관광객처럼 여기저기 돌아다녔다. 그녀의 행보 때문에 경호원들은 어쩔 줄 몰라 했지만 그녀는 신경 쓰지 않고 한국방문을 즐겼다고 한다.

당시 그녀의 행동은 우리나라 사람에게 적잖은 충격이었다. 다리미를 직접 들고 와 외출복을 다렸다는 소식에 '다리미를 든 대통령'이라는 별명까지 지어줬다. 그렇게 타르야 할로넨 대통령은 한국에 알려졌다.

핀란드는 북유럽 국가로 우리에게 복지국가와 청정한 국가, 노키아, 자일리톨 정도로만 알려져 있지만 우리나라와 유사한 면도 많은 나라다. 오랫동안 주변국가의 침략이 잦았고 식민지 경험도 있었다. IT기술도 강대국이며, 사우나도 좋아한다는 공통점이 있다. 하지만 두 나라 청렴도는 극명하게 다르다.

핀란드는 덴마크, 뉴질랜드와 세계 청렴도 순위에서 1위를 다투는 나라다. 반대로 우리나라는 경제규모나 발전규모가 무색할 정도로 40~50권을 벗어나지 못하고 있다. 청렴도가 높은 나라는 이상하리만큼 나라의 긍정적 지수들이 높다. 핀란드는 국가 경쟁력 1위, 환경지수 1위, 학업성취도 국제비교 1위이며 국민행복도 역시 상위권이다. 우리나라는 자살률 부동의 1위라는 오명이 있다. 또 함께 핀란드의 다큐를 보면 온 국민들이 부러워한다.

핀란드를 다룬 다큐를 본적이 있다. 노르웨이 쇄빙선

회사가 핀란드 구매자들에게 카드제공과 해외여행제공을 했다는 비리가 터졌다. 우리나라는 비리보다 관습적으로 행해지는 협찬정도다. 카드 받고 여행한 것에 대해 핀란드부패수사국 전담기구 국립수사국 직원은 "쇄빙선 비리사건 이전에 언제 비리사건이 터졌는지 기억도 안 난다."며 부정부패가 드물다고 설명했다. 또 쇄빙선 사건 말고도 핀란드 국민들이 기억하는 비리 사건은 30년 전 지하철공사 비리사건이 전부였다. 30년간 특별한 비리사건이 없었다는 뜻이다.

이 점이 우리와 다른 것 같다. 우리는 정치자금비리, 정경유착비리, 무기개발비리, 군납비리, 학교법인비리, 'ooo게이트', 채용비리 등 매일매일 비리가 터지는 상황에 이골이 났지만 핀란드는 정반대인 상황이다.

핀란드의 청렴도가 높은 건 크게 두 가지 이유 때문이다. 하나는 정책을 추진할 때 '커미트'라는 시민참여제도가 활성화 되어있다. 무엇을 추진하려 해도 커미트의 의견을 듣고 반영하고 그 내용을 투명하게 공개한다. 두 번째는 모든 정보를 투명하게 관리한다. 정부정책 정보를 특별한 인가 없이 모든 사람이 볼 수 있다. 우리나라 역시 시민참여제도와 정보공개를 하고 있지만 핀란드만큼 성과가 나오지 않고 있다.

타르야 할로넨 대통령 인터뷰에서 한국에서 보인 파격적인 행동에 대해 다음과 같은 말을 한다.

"노르딕(북유럽)에선 다 그렇게 합니다. 여자들뿐만 아니라 남자들이 직접 다림질을 하기도 하고요. 그게 전혀 특별한 일은 아니에요. 나에겐 전직 대통령이란 타이틀이 평생 따라다니겠지만, 지금처럼 사는 게 나중에 대통령직에서 물러나 보통 사람으로 사는 데 훨씬 더 도움이 될 것이라고 생각합니다."

평소에도 그래왔고, 앞으로도 똑같이 행동하겠다는 다짐이다. 대통령 임기 중에도 경호원 한 명과 햄버거 가게에서 햄버거를 먹고 슈퍼마켓에서 장을 보는 등 소탈한 행동을 보인다. 서로의 안보적 환경이나 문화적 차이는 있지만 핀란드 국민이 부럽기만 하다.

우리나라 장관 인사 청문회에서 장관을 당황시키는 질문들이 몇 개 있다. 최저임금과 지하철요금, 버스요금이다. 장관들이 모든 걸 알 필요는 없지만 현실에 맞는 정책을 펼치기 위해선 기본국민생활 정보는 있어야 한다. 이점에서 타르야 할로넨 대통령은 직접 장을 보고 대중교통을 이용하기에 현실적인 정책을 펴낼 수 있었다.

그녀의 핀란드 내 별명은 '무민마마(moomin mama)'다. 핀란드에서 인기 끈 만화 하마캐릭터, 무민을 사랑하고 도와주는 엄마 하마로 케이크를 공정하게 나눠주는 이미지 때문에 무민마마라는 별명을 얻었다. 그녀 역시 좋아하는 별명이다.

귀여운 캐릭터 별명을 가지고 있지만 국정을 운영할 때는 무섭도록 변한다. 철저하게 공과 사를 나누는 사람이다. 핀란드는 역사적으로나 외교적으로 러시아와 복잡한 나라다. 러시아 푸틴대통령과 회담 때 카리스마 있는 모습으로 협조를 이끌어낸다. 업무에선 대통령다운 행보를 보인다. 또한 정치이념이 복잡한 상황에서 누구의 편이 아닌 철저히 국민에게 도움이 되는 편에서 지지를 보내준다.

그녀가 정책 추진에 있어 가장 중요하게 생각한 것은 소통이다. 소통에서도 약자와의 소통을 중요시 여긴다. 복지정책을 추진할 때 무상복지에 대한 많은 회의를 보냈다. 하지만 그녀 역시 어려운 환경에서 복지정책 때문에 학업을 마칠 수 있었고, 미혼모 국회의원으로 아이를 봐줄 사람이 없어 국회까지 아이를 데려온 일이 있어 복지의 중요성을 너무나 잘 알고 있다. 무작정 퍼주는 무상복지가 아니라 일할 의욕을 심어주고 기회를 주는 복지를 이끌어간다.

복지재원의 공정성을 높이기 위해 소득 따라 세금을 내는 건 물론 벌금도 소득 따라 내게 했다. 대표적인 일이 육류가공업체 상속자 유시 살로노야의 벌금이다. 헬싱키에서 과속하다 경찰에 적발된 그는 소득에 따라 21만 5960달러, 우리 돈 2억 5천만 원의 벌금을 낸다. 과속했다는 이유로 낸 벌금이 과하게 보이지만 그는 소득을 1300만 달러로 신고했기에 소득대비 벌금을 낸 것이다. 벌금 말고도 핀란드는 소득의 상당부분 세금을 낸다. 낸만큼 혜택을 받기에 세금이 높아도 지불한다. 국민의 정부신뢰인 셈이다.

핀란드를 볼 때마다 정부와 국민간의 탄탄한 신뢰가 오랫동안 유지됐음을 알 수 있다. 우리나라는 증세를 한다면 다양한 말들이 나온다. 그만큼 서로가 서로를 믿지 못하고 있다. 원인은 모두에게 있다. 핀란드를 통해 정부와 국민간의 신뢰 쌓는 법을 배웠으면 좋겠다.

타르야 할로넨 대통령은 소통을 잘했던 대통령이기에 핀란드를 더욱 잘사는 나라로 만들었다. 국민의 신뢰가 있기에 여성 대통령으로서 첫 재선에 성공한 영광을 누렸다. 그녀의 인기는 핀란드를 넘어 전 세계에 지속되고 있다.

청렴의 나라 핀란드. 대통령이나 정부가 청렴했기에 서로의 믿음이 강하다는 걸 느낀다. 타르야 할로넨 대통령은 믿음을 더욱 심어준 대통령이다. 그녀의 소탈하면서도 카리스마 있는 행동, 청렴한 이미지가 핀란드를 살기 좋은 나라로 만들었다.

청렴지수가 높은 나라는 긍정적인 지표 또한 비례한다. 이 점을 기억하고 청렴을 위해 많은 노력을 한다면 언젠가는 타르야 할로넨 같은 슈퍼마켓을 애용하는 대통령이 나오지 않을까 생각한다. 인간적인 소박함이야말로 진정한 힘이다. 한 개인이 가진 힘은 그야말로 천차만별로 그 층위를 알 수 없다.

10

청렴은
아편싸움에 최고의 무기,
임칙서

2014년 온 국민가슴을 아프게 했던 '세월호'사고. 사고 당시 안전을 책임지는 선장과 선원들의 무책임한 태도는 국민 모두를 분노시켰다. 특히 매스컴의 선장이 누구보다 빠르게 탈출하는 장면과 구출된 후 돈을 말리는 뻔뻔한 행동은 시청자들이 선장의 신속한 처벌을 요구할 지경이었다. 법정에 선 선장에게 살인죄를 적용하자 선장은 "변호사가 아무리 잘 돕고, 신이 돕더라도 교도소에서 못 나가는 건 알고 있지만 내 자식, 손자에게 평생 살인자의 가족이란 소리를 듣게 할 수는 없다."고 진술한다.

그 역시 자신의 행동 때문에 자식과 손자는 물론 후대까지 살인자의 가족이라는 영향력을 미칠 것을 걱정했다. 아무리 평범한 사람이라도 일정한 나이가 지나면 후대에 자신을 어떻게 평가할지 걱정한다. 인간의 본능인 셈이다. 그래서 후대에 좋은 평가를 받기 위해 건물에다 이름을 새기고, 족보를 만들고 자서전을 쓰는 것 같다. 즉 우리 모두는 역사평가를 두려워한다. 그래서 더 청렴하고 정직하게 살아야 하지 않을까 생각한다.

'군계일학(群鷄一鶴)'이란 사자성어를 들어봤을 것이다. 닭 무리 속에 학 한 마리란 뜻이다. 한문시간에 평범한 무리 속에 뛰어난 사람이 되어야 한다는 뜻으로도 배우고 지조와 절개를 나타낸다고 배웠다. 모이를 먹기 위해 고개를 숙인 닭들 속에서 고개를 들고 도도히 걷는 학의 모습은 아름답다. 하지만 속내 결코 편하지 않다. 닭들이 학을 가만히 놔두지 않을 것이고 학 또한 닭들의 공격을 늘 대비해야 하니 속은 타들어간다.

모두가 부정부패를 저지르고, 단단히 한 몫을 챙기며 좋은 일자리를 낙하산 시키는 상황에서 홀로 도도하게 청렴을 유지한다는 건 정말 힘든 일이다. 스스로 가진 탐욕을 눌러야하고 닭들의 공격도 대비해야 하기 때문이다. 그래서 부정부패를 척결하는 건 환경이 중요하다. 환경이 받쳐주지 않으면 척결은 힘들다. 하지만 환경이 받쳐주지 않는 상황에서 끝까지 청렴했던 사람은 역사 평가에서 당당하고 칭송 받을 수 있다고 생각한다.

19세기 아시아를 뒤흔든 사건 중의 하나가 아편전쟁이

다. 중국 수도에 영국군이 진주한 사건은 서양세력의 침략을 본격화 시켰다. 이후 한반도, 일본, 동남아시아 등 아시아는 서양세력의 식민지화가 된다.

아편전쟁은 아편수입을 막기 위한 청나라와 아편으로 막대한 수입을 거두고 있는 영국의 이익보존 때문에 일어난 전쟁이다. 이 격랑의 소용돌이 속에 청렴했던 청나라 관리 임칙서(1785~1850)가 있었다.

어린 시절 청빈한 가정생활 때문에 근검절약이 몸에 배어 있었다. 부족함을 당연히 여겨 가난 자체를 즐길 줄 알았다. 벼슬에 올라서 청렴 실천에도 큰 무리가 없었다. 가난한 형편이지만 주경야독하듯 공부한 임칙서는 벼슬에 오른다. 첫 벼슬자리는 지방의 한직 벼슬이었다. 나라의 녹을 먹으면서 놀 수 없었던 그는 출장을 자처해서 나갔고 남은 시간에 틈틈이 치수(治水)를 공부한다. 이 때 공부했던 치수는 홍수나 가뭄으로 나라가 위기 때 그의 능력을 입증하는 중요한 공부가 되었다.

글에도 재주가 있었던 임칙서는 장사성이라는 중앙관료에게 발탁되어 4년간 그의 밑에서 일한다. 장사성도 청렴했고 결단력이 강한 인물이었다. 좋은 스승 밑에는 좋은 제자가 있듯 임칙서는 장사성을 스승으로 모시면서 청렴과 결단을 배운다.

27세 때 과거시험에 합격해 중앙정부에서 일할 기회를 얻는다. 이때 치수능력을 발휘하며 백성을 편안하게 했다. 사법권에도 공정성을 발휘하는데 탐관오리를 공정하게 심판하며 억울한 사람들의 마음을 녹여 주면서 명성을 높여갔다.

머지않아 황제 도광제가 그를 불러 여러 지방정부를 관리하도록 시킨다. 도광제는 임칙서를 비상 근무하는 군인처럼 활용하는데 어디에 홍수가 났다면 임칙서를 불렀고, 백성들의 불만이 심각하면 임칙서를 불렀다. 사람을 쓰는 리더로서 잘못된 일이지만 도광제는 임칙서를 전적으로 믿었다. 그만큼 청나라 관료들의 부정부패와 도덕적 해이로 믿을 만한 사람은 임칙서밖에 없었다는 것이다.

임칙서는 채용비리와 뇌물수수를 막기 위해 전력을 다한다. 임칙서가 부임하면 가장 먼저 빈둥거리는 관리들을 내쫓고, 신분과 상관없이 능력만 있다면 기용한다. 특히 사람을 쓰는데 부풀려진 소문이나 추천을 믿기보다 사실에 근거하기 위해 '수선청단'이라는 인사평가서를 직접 심사했다. 인사를 직접 선발했기에 뒷말도 없었고 인사

청탁도 통하지 않았다.

　뇌물수수 역시 첫 단계부터 냉혹하게 처벌했다. 먼저 뇌물자체를 수수할 수 없게 법을 정비하고 법을 어기면 근방 탄로 나게 정비했다. 작은 뇌물이라도 받으면 혹독한 처벌을 내려 처음부터 비리의 싹을 절단했다.

　그의 청렴과 행정능력은 대규모 치수개선 사업 때 빛을 발한다. 파견된 지역에 매년 홍수가 일자 1만 2000냥이 넘는 치수개선 사업을 추진한다. 문제는 돈이었다. 임칙서는 세금에서 돈을 빌리고 농사짓는 수입에서 차츰 갚기로 한다. 백성들은 적극 찬성했다. 문제는 회수였다. 만약 회수가 되지 않는다면 임칙서가 고스란히 책임을 져야 했지만 그의 추진력과 진실성으로 대출되었고 백성들은 차츰 갚아나갔다. 평소 임칙서가 부정부패를 저지르고 주요요직에 가족들을 앉혀놓았다면 애초에 불가능했을 일이다.

　청렴했고 추진력도 강했기에 황제는 임칙서를 흠차대신으로 임명해 청나라를 갉아 먹는 아편을 없애라고 지시한다. 흠차대신은 파견된 지역에 군사, 행정, 사법 등 모든 권한을 행사할 수 있는 자리로 청나라 때 딱 4명만 흠차대신이 존재했었다. 그만큼 막강한 자리였다.

처음 흠차대신에 임명되었을 때 그는 조용히 행차한다. 깃발도 내리고 나팔도 불지 않았다. 꼭 필요한 수행원과 함께 조용히 관아에 들어가 아편을 없애기 위한 연구를 한다. 만약 이때 허세를 부리고 부정부패가 통했던 흠차대신이 왔다면 아첨꾼들이 대접했겠지만 조용히 들어온 임칙서에게 아첨꾼은 없었다.

아편 주요 수입국인 영국도 청나라 관리의 부정부패에 이골이 난 터라 임칙서도 뇌물로 매수할 수 있다고 생각했다. 하지만 그는 단호하게 거절했다. 뇌물수수 시도가 빈번하자 그는 집 앞 '관방시고'를 내걸고 접대, 뇌물 등을 일체 받지 않는다.

뇌물, 접대, 협박 등 모든 수단이 통하지 않은 영국이 전전긍긍할 때 임칙서는 중국 상인들에게 회수한 아편을 태운다. 그 시간이 20일이 넘었다. 아편을 태우는 모습은 당시는 충격이었고 지금은 중국 관료들의 교육에 활용되는 일이었다. 철저하게 전략적이었던 아편과의 전쟁은 임칙서의 승리로 돌아오고 있었다. 참다못한 영국은 전쟁을 건다. 4000명이 넘는 군인과 16척의 군함이 전쟁에 동원되었다. 역시 이를 예상했던 임칙서는 전쟁기간을 끄는 방식으로 영국해군을 죄여왔다. 하지만 예상치 못한 사태가 일어난다. 영국군대가 임칙서 지시를 따르지 않는 직예(하북)에 상륙한다. 직예 관료들은 아편에 중독되었고 영국에 나쁜 감정도 없었다. 상륙한 영국군대는 파죽지세로 북경까지 진주한다.

이 소식을 들은 임칙서는 망연자실한다. 모든 책임은 자신에 있다는 걸 알았기 때문이다. 또 전쟁 실패원인으로 자기가 희생양이 될 줄 알았다. 영국은 북경을 대포로 협박해 조약을 체결한다. 이것이 난징조약이다. 임칙서의 예상대로 황제는 임칙서에게 책임을 물었다. 그는 고령의 나이에 오지지방에 군인으로 가는 처벌을 받는다.

흠차대신이라는 권력의 정점까지 올랐지만 음모와 부정부패로 죄인이 된 임칙서는 누구도 원망하지 않았다. 군인이 되어서도 그가 할 수 있는 일에 최선을 다했다. 충신이자 치수전문가가 빠진 청나라는 더욱 혼란에 잠겼다. 황제는 임칙서를 다시 불러 치수사업과 시찰을 명한다. 복권이 된 셈이다. 하지만 쇠약해진 기력으로 죽음을 맞게 된다.

임치석의 뜻은 컸지만 환경이 그를 따르지 않았다. 부정부패와 아편, 매관매직이 일반화 된 환경에서 임칙서

혼자 세상을 바꾸기에는 한계가 있었다. 하지만 그의 공로와 업적은 후대에 많은 교훈을 준다. 홀로 독야청청 꾸준히 노력했다는 점은 높이 살만 하다. 이런 작은 힘들이 모여 세상을 바꾼다.

그 역시 청렴했고 어떤 일이든 공명정대했기 때문에 부정부패를 당연시 여기는 환경에서 개혁을 추진했고 성과를 발휘할 수 있었다. 한 사람이 청렴으로 방향을 향하고 있을 때 주변에서는 호응이 필요하다. 만인을 위한 일이라면 십시일반 협조하여 분위기를 쉽게 바꿀 수 있다. 그런 힘이 임계점을 넘으면 역류할 수 있을 만큼 세력으로 강해진다. 그래서 지금 하고 있는 작은 노력들은 임계점을 향한 물꼬 트기라고 볼 수 있다.

청렴한 리더를
만드는
진정성 리더십
11가지

01

학연, 지연, 혈연관계를 벗어나라

 나이를 떠나서 남자들에게 빠지지 않고 늘 되풀이 되는 이야기가 군대이야기다. 어느 날 모임이 끝나고 뒤풀이에 참석하게 되었다. 아니나 다를까 시간이 조금 흐르자 어느덧 군대이야기로 화제가 넘어갔다. 누군가가 말했다. 보충대나 논산훈련소에 가면 신상기록카드를 쓰게 되는데 끝부분에 조금 당황스러운 질문이 하나 있다고 한다. 그것은 바로 '가족이나 친지 중 고위 장교나 그에 관련된 사람이 있는가?'라고 묻는 질문이란다.

 이 부분은 만화가 주호민의 《짬》에도 나와 있다. 듣고 있던 나는 왜 일반병사로 복무하는데 가족 중 고위 장교가 있나 없나를 묻는지 궁금했다. 또 '선진강국'을 외치고 있는 지금, 군 입대를 하면서 굳이 혈연이 있는지 꼭 확인을 해야 되는 것일까 의아스럽기도 하였다. 아무튼 지인 강사는 고등학교 때는 몰랐지만 군 입대 신상기록카드를 작성하면서부터 사회가 학연, 지연, 혈연으로 연결되었다는 결론을 내렸다. 유쾌한 결론은 아닌 것이다.

과거나 지금이나 학연, 지연, 혈연관련 문제점은 끊임없이 지적되고 있다. 어쩌면 우리 인류의 영원한 숙제일지도 모른다. 분명한 것은 모든 훌륭한 리더는 학연, 지연, 혈연에서 벗어나 능력위주로 인재를 발탁했다는 것이다. '탕탕평평'만이 그 조직의 앞날을 보장할 수 있게 한다.

지금도 신으로 추앙받고 있는 〈삼국지〉의 장수가 있다. 바로 '관우(關羽)'이다. 소설 〈삼국지〉에 관심이 없는 사람이라도 관우라는 이름은 들어봤을 것이다. 관우는 중국은 물론 한국, 일본에도 다수의 팬이 있을 정도로 인기가 높은 역사적인 인물이다. 관우는 오나라의 '여몽'이라는 나이 어린 장수를 가볍게 보다가 죽음을 맞이하게 된다. 이때 여몽에게 계책을 알려준 사람이 서생 육손이다. 육손이 관우를 죽게 한 실질적인 인물인 셈이다.

관우의 죽음을 복수하기 위해 촉나라의 황제 유비는 70만 대군을 이끌고 오나라를 침공한다. 그때 오나라의 왕 손권은 젊은 육손을 총대장으로 임명한다. 그 당시에도 파격적인 인사였던 셈이다. 전쟁에 잔뼈가 굵은 장수들은 이러한 파격인사에 불만을 갖게 된다.

육손은 기세등등한 촉나라와의 전쟁을 피하고 후퇴를 반복했다. 이에 장수들의 불만은 극에 달했다. 이때 왕의 처남 '부준'이라는 장수가 노골적으로 육손에게 따지기 시작했다. 항명까지 이르자 육손은 군법에 따라 부준을 처형한다. 그리고 그의 머리를 성문에 걸어둔다. 군법 앞에는 왕의 처남도 소용이 없다는 걸 보여준 것이다.

손권은 처남의 처형소식을 듣고 어떻게 했을까. 일반 사람이라면 내 가족을 건들었기 때문에 물불을 가리지 않았을 것이다. 하지만 손권은 육손을 믿고 여동생을 달래준다. 군법 앞에선 누구나 공정하다는 것을 알린다. 결국 부준의 처형과 손권의 지지 덕분에 복수에 혈안이 된 유비와 촉나라 70만 대군은 육손의 화공계에 걸려 패배하고 만다. 그래서 오나라는 다시 안정을 찾을 수 있었다.

왕이 자기혈연을 죽였다고 육손을 파직하거나 똑같이 복수를 했다면 역사는 어떠했을까. 완전히 달라졌을 것이다. 결국 원리원칙을 지킨 육손과 그것을 지지해 준 왕의 후원이 있었기 때문에 승리할 수 있었던 것이다.

역사적으로 이런 사례는 수없이 많다. 지금 리더의 위치에 있거나 리더를 꿈꾼다면 이러한 사심(私心)의 굴레에서 벗어나야만 한다. 육손처럼 마음껏 일할 수 있는 여건부터 만들어주어야 한다. 모든 사람이 공정해야만 법은 그 효력이 있다. 무권유죄(無權有罪) 유권무죄(有權無罪)가 되어서는 곤란하다.

한 대기업에서 직원인사기록카드에 있는 고등학교 졸업명은 빼자는 안건을 두고 오랜 시간 동안 공방을 펼쳤다고 한다. 혈연, 지연, 학연 중 학연의 고리에서 발생하는 문제를 미리 끊고자 하는 방책이었던 것이다. 이 문제를 두고 케이블 TV에서 객원들이 20분 정도 찬, 반 토론을 펼치기도 했다. 한 객원의 이야기가 귓가에 맴돈다.

"이것이 과연 회사를 움직이는 리더들의 회의석상에서 오랜 시간 비중을 차지하며 논의할 문제인가? 또한 고등학교명이 회사의 명성을 구축하는데 그렇게 중요한 요소이면 최종학력은 안 적어도 되는 것이 아닌가요?"

객원의 질문에 괜스레 쓴웃음이 나온다. 어떻게 하면 청렴한 조직혁신을 이끌어갈 것인가에 대한 논의는 소모적이고 비효율적인 회의에서 얻어지지 않는다. 가끔은 과감하게 시작하고 실행하며 개선해 나가는 것이 필요할 뿐이다. 실행과 회의에서는 많은 차이가 발생한다. 바꿔나가는 것이 중요하다.

취업포털 잡코리아가 최근 공기업과 대기업, 중소벤처 기업에 재직 중인 남녀 직장인 574명을 대상으로 〈사내 라인(파벌)문화 존재 유무〉에 관해 조사를 실시한 적이 있다. 그 결과, 75.3%(432명)의 응답자가 '사내 라인이 존재한다'고 답했다. 가장 많은 곳은 공기업으로, 80.6%의 공기업 재직자들이 사내 라인 문화가 존재한다고 답했고, 대기업도 근소한 차이로 80.5%의 응답자가 사내에 라인 문화가 있다고 답했다. 조사에 응한 직장인들은 이로 인해 극심한 스트레스와 업무상 불이익을 수시로 받아왔다는 조사결과를 발표했다.

정치나 파워게임을 즐기는 리더라면 파벌의 존재가 즐거움을 줄 수도 있겠지만 기업은 이윤창출과 함께 효율적으로 일하기 위해 존재하는 곳이다. 조직의 효율성과 이윤의 극대화를 위해 파벌로 대표되는 학연, 지연, 혈연은 벗어나야 한다. 결국 미래를 내다보면 그 조직의 손해로 이어진다.

'팔은 안으로 굽는다.'란 속담이 있다. 이 속담에 준거하여 학연, 지연, 혈연만 생각한다면 성장은 거기까지일 수밖에 없다. 안타깝게도 가족 중심으로 많은 것들이 이루어지는 우리나라 특성상 가족을 챙기려다가 모든 것이

한순간에 무너지는 모습을 많이 보게 된다.

　리더라면 또는 리더를 꿈꾼다면 조직 자체를 생각해야
한다. 팔은 안으로 굽지만 고인 물은 썩게 되어 있다. 학
연, 지연, 혈연을 넘어 능력으로만 평가하는 청렴한 리더
를 추구해야 하는 것이다. 이것이 오랫동안 현역으로 승
승장구할 수 있는 비결이다.

02

청렴의식 내재화로
조직문화를 조성한다

　기업으로 강의를 하러 가서 보면 같은 업종이라도 회사마다 특유의 분위기가 있다. 말하자면 조직분위기, 조직문화라고 할 수 있겠다. 강의 의뢰가 들어오면 기업홈페이지에 꼭 들어가서 분위기를 보게 된다. 무엇을 하는 회사인지, 최근 그 회사의 관심분야는 무엇인지 대충 훑어보는 것이다.

　그 가운데 꼭 유심히 챙겨서 보는 것이 있다. 바로 그 회사의 철학이나 사훈, 모토다. CEO의 경영철학을 읽으면 조직의 분위기 파악에 큰 도움이 되기 때문이다. 어느 기업은 모든 조직원이 하나라는 느낌이 들기도 하고 어느 기업은 자유분방한 분위기가 직감적으로 느껴지는 곳도 있다. 이 모두가 내재화된 조직문화인 것이다. 청렴의식도 이렇게 내재화를 시킨다면 검은 유혹이 왔을 때 거뜬히 이겨낼 수 있는 힘이 되지 않을까 생각해본다.

언젠가 일본의 대기업을 다룬 TV 프로그램을 본 기억이 있다. 출근을 하면 직원들이 모여 10분 정도 회장이 저술한 책을 읽고 토의를 한다. 직급과 상관없이 모두가 참여하는 분위기다. 책은 저자의 혼이 담긴, 온전한 메신저이다. 책을 보고 토의함으로서 몇 천 명의 직원들이 회장과 같은 생각으로 일할 수 있을 것이다. 시간이 쌓일수록 직원은 더욱더 회장의 경영이념과 일치할 수 있겠다고 생각했다.

내재화는 반드시 시간을 필요로 하고 신뢰가 바탕이 되어야 한다. 믿지 못하면 내재화시킬 수 없다. 리더가 앞에서 "청렴, 청렴" 외치고 뒤에서 부정부패에 관여한다면 내재화는 불가능하다. 그래서 리더부터 청렴해야 된다고 외치고 강조하는 것이 지나치다고 말할 수 없다.

또 조직문화에 청렴의식을 내재화시키기 위해선 무엇보다도 '스스로 청렴'할 수 있는 방법을 찾아내는 자발성을 이끌어내야 한다. 자발성은 단순한 동기부여나 추상적인 연설로는 불가능하다. 직접 시행하고 거기에서 흥미를 이끌어낼 때만이 가능하다.

청렴한 회사나 단체를 보면 반드시 공통된 특징이 있

다. 자발성은 물론, 체계적으로 청렴의식을 심어주고 있는 것이다. 방법은 의외로 복잡하지 않다. 단 1년 이상, 장기간 동안 시행한다는 특징이 있다.

첫째, 청렴관련 서약서를 스스로 만들게 한다. 자발성을 이끌어내기 위해 서약서를 스스로 작성하게 한다. 그리고 책상 위에 올려놓고 수시로 보도록 한다. 회사나 조직은 분야별로 특징이 있는데 표준 서약서는 특징을 잡아내지 못한다. 조직별, 직책별로 맞게 완성한 서약서는 본인만이 알 수 있다. 청렴관련 서약서를 스스로 만들게 하자.

둘째, 회의를 회의답게 하고 실천사항을 함께 만들어가야 한다. 회의는 전달하는 시간이 아니다. 함께 생각을 공유하는 시간이다. 청렴회의를 시키면 일방적인 이야기의 흐름만 나온다. 청렴을 잘 지키는 조직은 발언권이 자유롭다. 또한 실천사항을 지시만 하는 것이 아니라 함께 만들고 지킨다.

청렴의식이 문화가 된 모 기업을 방문했던 일이 있다. 이야기를 들어보니 청렴문화를 만들기 위해 '3년 전쟁'을 선포했었다고 한다. 법인카드 한계치 설정에서부터 구매팀의 MRO방식 구매, 수주의 공개입찰, 전문기관 교육의뢰, 최소재고방식 등 대표가 직접 나서서 진두지휘를 한 결과였다.

'김영삼 대통령 칼국수회식'을 참고하여 회식을 간소화시켰고 그 돈으로 교육이나 연수에 재투자했다. 3년 동안 저항도 많고 말도 많았지만 어느 정도 자리가 잡히자 회사는 정상궤도로 다시 돌아올 수 있었다고 한다. 어느 기간 동안 내재화가 이루어지자 자발적으로 청렴해야 할 것들을 찾고 거기에 맞는 보상도 이루어졌다.

청렴이 매출상승에 도움이 되고 공정성 증대로 말미암아 조직을 활성화시켜준다는 사실은 누구나 알고 있다. 하지만 문제는 실천이다. 모든 일에는 저항이 있게 마련이다. 저항을 이기고 자리를 잡게 된다면 청렴문화 또한 내재화, 일상화될 수 있다. 물리적인 양이 어느 정도 도달해야 질적으로 승화된다. 지금은 그 물리적인 양을 축적할 때다.

03

처음 취지를
밀고 나가야 한다

올림픽을 능가해 전 세계인의 마음을 사로잡는 국제경기가 FIFA월드컵이다. 그런 FIFA가 부정부패 때문에 국제적인 망신을 당하고 있다.

"제프! 이건 2026년 북한(개최)을 위한 돈이요. 고마워요"

2015년 7월 부정부패 혐의를 받고 있는 FIFA회장 제프 블라터가 회의를 주최하는데 한 코미디언이 회의장에 난입하여 가짜 돈 뭉치를 뿌리며 북한개최를 위한 돈이라며 조롱했다. 기자들은 셔터를 눌러대며 이 장면을 전 세계에 송출하기에 바빴다.

제프 블라터와 그 참모들이 FIFA개최국으로부터 상당한 로비를 받은 혐의가 포착되었다. 이런 분위기를 의식한 듯 제프 블라터 회장은 재임을 하지 않겠다고 선언했다. 하지만 코미디언의 조롱으로 세계적인 망신을 당한 후였다. FIFA의 이미지는 실추했다. 그는 떠나지만 조직의 평판을 하루아침에 돌리기란 쉽지 않다.

올림픽, 월드컵의 본래 취지는 세계화합이다. 다소 거창해보이지만 올림픽이나 월드컵기간 동안에는 전쟁을 중단하거나, 남북이 함께 등장하는 등 원수지간이라도 화해하며 문화교류를 한다. 우리나라 역시 서울 88올림픽을 개최할 때 일본 나고야와 경쟁했다. 그 당시 올림픽 위원회에게 올림픽의 본래 취지가 화합인데 선진국끼리 주최하면 그 취지에 어긋난다는 설득을 했는데 주효했다.

이젠 국제 경기도 본래 취지에 맞지 않게 운영되고 있는 것 같다. 가짜 돈 뭉치로 조롱까지 받으니 말이다. 갈수록 윤리 경영을 요구하는 시대이다. 리더의 자질에 청렴은 1조 1항인 셈이다.

모 여자연예인이 자살을 하면서 연예계에 만연한 로비 실태를 고발했다. 사회적으로 파장이 일어나고 고위층의 이름이 거론되었다. 경찰과 검찰은 혐의입증에 자신 있다고 언론에 나와 큰소리를 쳤다. 나를 포함한 많은 국민들이 기대했다. 하지만 결과는 너무 초라했다. 성실한 연예인을 죽음까지 몰고 간 사람들이 정말 깨끗하여 징역 몇 개월, 벌금 몇 백 만원으로 처벌이 끝난 것인지 아니면 고위층의 입김이나 압박이 있어서 무마했는지 모를 일이다. 아무튼 경찰, 검찰은 처음 취지에서 벗어난 결과를 내놓아 지켜보는 사람들에게 실망을 안겨줬다.

처음 취지를 유지한다는 건 무척 어려운 일이다. 부정부패를 저지른 사람들 역시 처음부터 부정부패를 저지르겠다고 마음먹고 덤빈 사람은 없다. 만약 처음부터 마음먹고 덤벼들었다면 도덕성에 심각한 문제가 있는 존재라고 볼 수 있다. 부정부패를 저지른 사람들은 거의 처음 취지를 유지하지 못해 변질된 사람들이다. 청렴하기 위해선 처음의 취지를 끝까지 유지해야 한다. '초심'을 기억해야 하는 것이다.

스티브잡스가 죽고 나서 그의 연설이 많은 사람들의 입에 오르내렸다. 특히 '하고 싶은 일을 하라'는 그의 메시지는 많은 사람들을 동요하게 했다. 아주 짧은 시간이었지만 국내 일부 회사에서는 이직이 증가했다. 이 문제로 골머리를 앓은 인사팀에선 사원들에게 처음 입사할 때의 마음과 '사명서'를 쓰게 했고 앨범으로 만들어 매일 들여다보게 했다.

처음 취지를 잃지 말자는 의미였다. 그만큼 처음 취지 즉 초심은 유지하기 힘들지만 그것을 끝까지 유지하면 막강한 힘을 발휘하게 된다. '사명서'는 의지가 되고 그 의지는 곧 신념으로 바뀔 수 있는 것이다. 무슨 명분이나 가치를 담아서라도 초심을 유지하는 것이 원하는 결과와 만날 수 있는 확률을 높인다.

청렴한 리더가 청렴한 조직을 만들기 위해 리더십을 발휘했다면 그 초심을 끝까지 유지해야 한다. 초심을 잃는 순간 작은 유혹으로 시작해서 큰 유혹으로 넘어가기 쉽다. 초심을 유지하는 방법에는 세 가지가 있다.

첫째, 한 번의 무너짐을 경계하라. 한 번이 힘들 뿐이지 두 번, 세 번은 쉽다. 한 번의 무너짐이 모든 것의 시작이다. 한 번을 허용해선 안 된다는 마음가짐으로 초심을 유지하라. 한 번의 무너짐 없이 초심을 유지하는 사람은 한번의 예외를 극도로 싫어한다는 특성이 있다.

둘째, 함께 지킬 파트너를 구한다. 혼자 간다면 한계가 있다. 리더라면 조직원이 있을 것이다. 조직원도 좋고 가족도 좋다. 서로 격려하고 경계하는 파트너를 구하라. 파트너는 나의 취지를 정확히 알고 동의해줄 사람을 선택해야 한다. 잘못된 길에 대해서는 과감하게 말할 수 있는 파트너가 좋다.

셋째, 매일 리셋을 한다. 오늘은 새 날이고 내일도 새 날이다. 현재도 새 시간이다. 매일 새롭게 리셋을 한다면 초심을 유지할 수 있다. 공병호 소장의 경우 새벽에 향을 피워 하루를 연다고 한다. 나름의 의식인 셈이다. 이러한 자신만의 의식을 만들어 매일 리셋할 필요가 있다.

100억 대의 부정부패 운운 하는 뉴스가 매스컴에 나올 때가 있다. 당사자가 처음부터 100억 대를 부정부패하지는 않았을 것이다. 처음이 문제이다. 초심을 잃고 처음엔 몇 만원부터 시작하여 부정부패에 휘말리게 된다. 그 처음부터 발을 딛지 않았어야 했다.

"초심을 유지하여 부정부패를 멀리한다."

04

자신의 역할에 대한
개념정의부터 확립하라

"뛰어난 성과를 만들어낼 뿐만 아니라 자신의 분야에
대한 독특한 관점과 기술, 일과 삶에 대한 철학을 소
유하고 있어, 경쟁자에게는 놀라움의 대상이자 일반
인에게는 존경과 경외의 대상이 되는 사람"

대한민국의 1인 기업가에 한 획을 그은 공병호 소장의
《내공》이란 책에 나오는 내공의 '정의'다. 우리는 종종 '
내공인'이란 말을 쓰지만 저자가 내공인에 대한 개념정의
를 나름대로 명쾌하게 내려 책을 읽을 때 훨씬 수월했다.
학창시절 개념정의란 말을 한번쯤 들어봤을 것이다.
개념정의가 안 되면 진도도 나가지 않고 이해하기도 어려
웠다. 그만큼 개념정의를 정확하게 하면 모든 게 명쾌해
지고 진도도 빠르다. 물론 방향성도 덤으로 생기며 그 중
간에서 어떻게 처신을 해야 할지도 확실하게 알 수 있다.

TV에서 종종 한 분야의 고수가 일하는 모습을 방영해 주었다. 원단을 자 없이 정확히 재단하고, 감각만으로 반죽 1g을 정확하게 집어낸다. 일반인이 볼 때는 신기(神機)에 가까운 경지다. 방송 마지막쯤에 고수들에게 일에 대한 정의나 철학을 묻는다.

고수들은 마치 준비라도 했다는 듯 개념정의를 풀어낸다. 확신에 찬 한 마디, 한 마디를 듣다보면 평소 개념정의가 정확했음을 알 수 있다. 리더도 마찬가지 아닐까. 리더라면 '업에 따른 정확한 개념정의'가 필요하다. 자신이 하는 일에 대한 개념정의와 조직의 개념정의 말이다. 이로써 더 분명하게 리더 역할에 충실할 할 수 있다.

개념정의가 된다면 해야 할 일이 더 잘 보인다. 고로 그 일을 해야 하는 사명감도 충만하게 생긴다. 사명감으로 일하는 사람은 야합을 하거나 대충하는 법이 없다. 그래서 시간이 흐르면 자동적으로 성공의 길로 들어서게 된다. 그 감동을 사람들도 알고 하늘도 알게 되는 것이다.

'성당벽돌 쌓기'에 대한 우화는 우리에게 많은 교훈을 준다. 성당 공사에 세 명의 벽돌공이 일하고 있었다. 누군가 그들에게 "무엇을 하는지?"를 물었다. 첫 번째 벽돌공은 "돈을 벌고 있지"라고 간단하게 말했고 두 번째 벽돌공은 "보면 모르나 벽돌을 쌓고 있지"라고 말했다. 단, 세 번째 벽돌공만이 "아름답고 웅장한 성당을 짓고 있다."고 말했다.

같은 일을 해도 이렇게 사람마다 개념정의가 다르다. 일에 대한 정의가 다른 것이다. 물론 정의가 다르면 성과 역시 다르게 나타난다. 어떻게 업의 본질을 정의하느냐에 따라 부정부패와 담을 쌓을 수 있다. 절대 한 눈 안 팔게 되는 것 역시 이러한 자기 일에 대한 정의 내리기다.

자기 일에 대한 정의가 내려지면 한 눈 팔지 않고 꾸준히 앞으로 나아갈 수 있다. 자기일이 확고한 사람은 꾸준함과 성실함에 있기에 부정부패가 들어올 틈이 없으며, 부정부패가 자신의 발목을 잡을 수 있다는 것을 잘 알고 있다.

그럼 자신의 역할에 대한 개념정리는 어떻게 내려야 할까. 《1인 기업이 갑이다》를 집필한 윤석일 저자는 세 가지 방법을 통해 역할의 개념정리를 이야기 한다.

첫째, 세속적인 성공의 의미를 내려놓고 사명을 만들어 볼 것.

모든 일에 세속적인 성공 즉 돈 많이 벌기에 집중하면 역할은 수단으로 변질된다고 말한다. 지금 경제적으로 충분히 자유롭다는 상상 하에 현재 하는 일에 사명을 만들면 자신의 역할을 찾을 수 있다는 설명한다.

둘째, 일과 개인정체성을 일치 시킨다.

역할은 일을 말한다. 일하는 이유가 생계가 아닌 정체성 확립에 중점을 둔다면 자신이 어떤 일을 하는지 알 수 있다고 말한다. 윤석일 저자는 공무원이라는 일과 봉사하며 살고 싶다는 개인정체성을 일치시킨다면 많은 성과를 내는 공무원이 될 수 있다는 설명이다. 또한 봉사하며 사는 공무원이라는 정체성이 확립되었다면 부정부패가 들어올 틈이 없다고 말한다.

셋째, 잊지 않도록 스스로 학습한다.

자신의 일에 대한 개념정립이 되었어도 쉽게 잊어버릴 수 있기 때문에 스스로 학습하는 방법을 찾을 것을 설명한다. 찾은 것도 중요하지만 잊지 않는 것도 중요하다는 설명으로 몸에 배일 정도로 학습할 것을 강조한다.

이렇게 세 가지 방법을 통해 자신역할에 대한 개념정의

가 된다면 그것을 지키기 위해 청렴해야 하는 건 물론이고 유혹이 와도 흔들리지 않고 본질에 집중할 수 있다. 청렴의 길은 멀지 않다. 업의 본질부터 파악하면 된다. 그리고 그것에 따라 꾸준히 간다면 청렴한 리더로 거듭날 수 있다.

05

인사부터
공정하게
시행하라

'인사가 만사다'란 말이 있다. 사람 쓰는 일이 모든 일의 시작과 끝이라는 것이다. 과거에도 큰일을 하려면 사람부터 모았다. 주나라 문왕은 미끼 없이 세월을 낚는 강태공을 등용하기 위해 몇 시간이고 그의 뒤에서 서 있었고, 삼국지 유비는 20살 어린 제갈량을 등용하기 위해 삼고초려했다는 사실은 너무나 유명하다. 사람에 따라 모든 승패가 결정되기 때문에 인사에 심혈을 기울이게 되는 것이다.

사람 쓰는 일에 심혈을 기울인 사람을 뽑는다면 삼성 초대회장 이병철을 꼽을 수 있다. 그는 10대 시절 신식학교를 다니기 위해 일본으로 갔다가 여공들의 비참한 모습을 보게 된다. 이런 이유로 제일모직과 반도체공장을 지을 때 여공들을 위해 최고급 건축자재와 조경 하나에도 신경을 썼다.

이병철은 어린 시절 서당에서 명심보감에 있는 '사람을 의심하려면 쓰지 말고, 일단 쓰면 의심하지 마라'는 문구를 평생 간직한다. 하지만 그 역시 돈의 유혹이 다가왔다. 일제수탈이 심해 농부들은 만주로 가기 위해 땅을 헐값에 매각했다. 그때 이병철은 대출을 받아 땅 장사를 시작했다. 그런 그에게 돈은 주체할 수 없을 정도로 들어왔다.

인생지사 새옹지마라 했던가. 중일전쟁이 터지면서 일본은 대출회수조치를 내렸고 그는 빚을 갚기 위해 모든 걸 내다 팔기 시작했다. 요행으로 돈 벌 생각을 했다가 빈손이 된 것이다. 이때 이병철은 뼛속 깊이 사업이란 무엇인가를 깨닫게 되고 사람에게 투자하겠다고 다짐한다. 일련의 경험을 통해 그는 인사의 중요성을 느끼고 지금의 삼성을 만드는 기초를 다지게 된다.

지금 대한민국을 이끌어가는 인재는 삼성출신이 많다. 그만큼 삼성은 인사에 많은 공을 기울이고 있다는 사실만큼은 부정하기 힘들다. 그것은 선대로부터 내려온 기업문화 같은 것이다.

많은 역사를 보면 사람을 잘못 써서 흥망성쇠를 거듭한다. 결국 사람을 어떻게 쓰느냐에 따라 일의 결과는 다르다. 이런 점 때문에 리더는 인사에서 많은 고뇌를 거듭하게 된다. 특히 공정한 인사를 위해서는 신경을 쓸 수밖에 없다. 그러나 인사과정에서 투명성과 공정성을 만들기란 어려운 문제다. 사람은 객관적으로 평가할 수 없는 대상이다. 예를 들어 잠재가능성, 긍정적 사고를 숫자화 시킬 수 없다.

인사를 공정하게 한다는 건 모두가 납득이 가야 한다는 전제가 있다. 편애하거나 일방적으로 인사를 한다면 불만이 생길 수밖에 없다. 그리고 인사과정을 모두 투명하게 공개해야 하고 설득력이 있다. 누구나 고객을 끄덕일 만한 객관적인 근거가 있어야 하는 것이다.

언론에서는 종종 재벌 3,4세들의 임원 진급이 논란을 일으키고 있다. 평사원으로 입사하여 회사의 꽃이라 불리는 임원이 되기 위해선 평균 24.2년이 걸린다. 하지만 재벌 3,4세들은 평균 4.5년이 걸린다. 즉 일반사원이 대리로 진급할 연수면 재벌 3,4세들은 임원이 된다는 것이다.

이것은 회사에서 착실히 진급하는 사람은 물론 일반인들에게 큰 박탈감을 준다. 금수저를 물고 나온 2세들에게 느껴지는 자괴감은 상대적으로 클 수밖에 없다. 계층이동이 불가능한 지금 시점에서는 더 그러하다. 재벌들의 상속 문제를 빗댄 패러디의 일부다.

'입사는 스펙으로, 과장은 실력으로, 부장은 정치로,
임원은 철판으로 마지막 사장은? 아버지 능력으로'

재벌들도 문제가 있지만 생산직 정규직도 불공정한 인사가 만연화 되었다. 소위 귀족노조의 문제이다. 억대연봉을 자랑하는 생산직까지도 세습화시키거나 노조가 취업규칙을 적용하는 등 인사에 불공정한 관행이 만행되고 있다. 누구나 눈살을 찌푸릴 만한 일이 벌어지고 있다. 억대연봉의 귀족노조까지 부패를 저지를 수 있는 기득권이 된 것이다. 기득권이라면 어느 자리에서나 유혹이 번뜩인다.

인사에 불공정한 관행이 많은 것은 그만큼 인사가 중요하고 부정부패를 쉽게 할 수 있는 구실을 제공한다는 것이다. 리더라면 인사를 공정하게 해야만 한다. 이것은 모든 조직원들이 두 눈을 부릅뜨고 지켜보고 있기 때문이다. 모든 조직원들의 이해관계와 맞닿아 있기 때문이다.

하지만 매번 끊이지 않던 00은행의 낙하산 인사 논란이 올해에도 이어졌다. 00은행 노동조합은 또 다시 이어진 낙하산 인사 논란에 혀를 내두르고 있다. 금융위원회의 무능력한 인사 시스템에 한계를 느낀다는 지적도 나온다. 지독할 만큼 관치가 이루어지고 있다.

현재 00은행은 기업 구조조정, 비금융 계열사 매각 등 굵직한 현안들을 다루고 있다. 특히 기업 구조조정은 실물경제와 연결되는 만큼 00은행이 당면한 과제 중 전문성을 가장 필요로 하는 분야다. 이 때문에 00은행 수장의 역할은 매우 중요하다. 그 어느 자리보다 공정하고 투명한 인사가 이뤄져야 하는 곳이다. 00은행 노조가 민간 금융사만 거친 모 회장에 대해 자격을 입증하라고 요구하는 것도 어찌보면 당연한 일이다. 온 국민이 경각심을 가지고 지켜봐야만 할 일이다.

금융기관 뿐만 아니라 낙하산 인사는 어제, 오늘의 일이 아닌 것이다. 관피아(관료+마피아)는 물론이고 선피아(선거+마피아), 정피아(정치권+마피아), 연피아(연구원+마피아) 등 각종 '○피아'가 언론에 오르내리고 있다. 이들은 공공기관과 산하 협회, 다른 업종 유관기관의 요직을 싹쓸이하고 있다.

매년 국감에서 낙하산 인사가 지적되고 있지만 관행을 이유로 쉽사리 청산되지 않고 있다. 퇴직공직자의 재취업 제한요건을 강화하는 내용의 공직자윤리법 개정안(일명 관피아 방지법)은 아직 유명무실하다. 이것은 승자독식의 연장이라는 이유에서 많은 이들에게 허탈감을 준다.

06

수평적인 소통으로
합리성을 확보하라

최악의 소통은 위에서 일방적으로 내려오는 '지시' 또는 '통보'이다. 최고의 소통은 아래에서 위로 올라가는 '하의상달'이다. 주변의 직장인들을 만나보면 아래에서 위로 가는 소통이 되는 조직은 로망이라고 표현할 정도로 찾기 어렵다.

아래에서 위로 가는 소통은 사원이 제안을 시작하여 CEO에게까지 전달되는 일이다. 사원이 용기를 내어 상사에게 제안을 했을 때 "그거 예전에 다 해봤어."라고 말한다면 거기에서 끝이 난다. 차츰 용기를 잃은 사원은 더 이상 개선을 위한 제안을 하지 않는다.

부정부패를 봤다면 정상적인 절차에 따라 신고하고 포상을 받아야 하지만 소통에 문제가 있다면 눈감아주는 경우가 비일비재하다. 특히 "나에게 피해만 없으면 돼"라고 생각한다면 부정부패는 달라지지 않는다.

위에서 아래로의 소통이든, 아래에서 위로 가는 소통이든 모두가 수직적이다. 수직적인 소통으로는 상황을 개선하기 힘들다. 수평적 소통이 된다면 합리성을 확보하고 부정부패에 관해 개선할 수 있다. 수평성은 곧 합리성을 담보로 한다.

소통은 단순히 언어의 문제만이 아니다. 언어의 문제라면 같은 언어를 쓰면 모두가 소통되어야 하겠지만 그렇지 않다. 소통은 상대방의 정보, 배려, 협력, 경청 등 다양한 요소가 있다. 그리고 서로 간의 신뢰가 가장 중요하다.

모 연구소에서 일하는 지인이 있다. 새로운 소장이 취임해 3년차 미만 직원들과 소통의 자리를 마련했다고 한다. 허심탄회한 소통을 위해 이름표도 제거하고 오라고 했다. 지인은 편안하게 취임소장과 이야기 할 수 있다고 생각했는데 비서실에서 이름표는 없지만 지정 자리배석을 시켰다고 한다. 암묵적인 신상파악이었다. 지정 자리에 앉아있자 밝은 분위기는 사라지고 소통자리는 건조하게 끝이 났다. 세심하게 배려하지 못한 소통의 현장이다. 수평적 소통은 세심한 배려가 있어야 한다. 보복이 있다면 누가 소통하려고 하겠는가.

아무리 선한 조직도 견제 받고, 감시 받지 않으면 썩게 되어있다. 썩는 걸 방지 하는 것이 소통이다. 그리고 소통 후 개선이 필요한 부분은 과감하게 실행에 옮기는 리더의 모습이야말로 모두에게는 귀감이 된다. 리더 모습에서의 귀감은 이런 실행에서 빛난다.

원활한 소통은 양방향이 의사소통을 할 수 있는 합리성을 갖추어야 한다. 상대방의 이야기를 경청하고 공감할 수 있는 능력을 갖추고 있어야 가능한 일이다. 우리는 서열문화가 익숙한 세상에서 살았다. 학교부터, 회사, 가족까지 온통 서열에 익숙하다. 이 모두가 수직적인 관계이다.

어쩌면 위에서 지시 받는 게 더 편하다고 생각할 수도 있다. 수평적 소통이 효율성을 떨어뜨린다는 말도 있다 하지만 생각하지 않으면 발전도 없고 자기 주도적이지 않으면 흥미도 쉽게 잃어버린다. 일방적인 지시만 받다보면 결국 지시가 없을 경우, 역으로 불안한 삶을 살아갈 수 있다.

수평적 소통을 위해 서로가 노력할 필요가 있다. 리더는 조직원의 마음을 헤아리고 조직원은 리더의 고뇌를 이해할 수 있어야 한다. 그리고 수직적인 서열문화야말로 기득권의 승자독식 문화를 더 공고하게 만든다. 상하

구분 없이 서열, 지위 고하 막론하고 다양한 목소리를 수평적으로 낼 수 있는 곳이 합리적인 사회이다. 특히 조직에서의 수평적인 소통은 그 조직의 앞날을 좌우하는 창구이다.

청렴 역시 끊임없이 감시와 견제를 받아야 한다. 도덕심은 필요하지만 막연한 도덕심으로는 한계가 있다. 수평적이고 합리적인 소통의 창구가 없다면 감시와 견제는 공염불이다. 소통이 원활할 때만 조직은 청렴해지고 모두가 이해하는 조직으로 재탄생한다.

조직 소통에 관련된 책과 전문가들이 많다. 교육을 받거나 실습을 한다면 많은 도움이 될 것이다. 우선 소통을 위해 리더, 조직원 간의 역할 몇 가지만 실천해보자.

■ 리더의 역할
첫째, 조직원이 각각 좋아하는 소통방법이 있다. 세심한 배려로 소통방법을 찾아라
둘째, 합리적이라고 생각하면 즉시 행동으로 보여줘라
셋째, 반드시 피드백을 주어라
넷째, 지레짐작하거나, 나이, 경력, 학력 등으로 예단

하지 말아라

■ 조직원의 역할

첫째, 리더와 말로 소통하기 힘들면 메모나 보고서로
변경해라

둘째, 리더 역시 사람이라는 점을 인식해라

셋째, 개선이나 제안에 적극적으로 행동한다

07

사심 없는
정직한 업무처리를 해라

1957년 우리나라 최초로 삼성이 공개채용을 시작했다. 비슷한 시기 현대도 공개채용을 시작했는데 그때나 지금이나 좋은 일자리에는 청탁이 있었다. 정주영 회장 역시 청탁으로부터 자유롭지 못했다. 청탁을 무시하면 건설과 중공업 위주인 회사는 큰 타격을 입을 수밖에 없었다. 정주영회장의 자서전《시련은 있어도 실패는 없다》를 보면 새로운 방법으로 인사 청탁을 해결한다.

청탁을 받으면 계획 인원수를 포함해서 함께 채용을 한다. 그 후 청탁을 받고 채용한 사람은 진급에 불이익을 주는 등 다양한 불이익을 줘서 스스로 나가도록 하는 방법이다. 물론 그 속에서 두각을 나타내면 중히 쓰였다.

유치원 때부터 우리는 '거짓말하지 마라', '정직해라', '착하게 살아야 한다' 등 이 세상 사는데 필요한 것들을 열심히 배웠다. 특히 정직은 이 세상을 살아가는데 주요 덕목으로 배우고 강조 받았다. 하지만 사회생활을 시작하고 나면 정직하게 업무처리를 하고 싶어도 안 될 때가 태반이다. 더욱이 리더를 포함해서 조직원 전체가 사심을 가지고 일하면 조직은 개인화가 될 뿐이다. 누구하나 나서는 사람 없이 무기력한 조직이 된다.

글로벌 식품회사 하인즈(Heinz). 직원들의 글로벌 근무 수칙 중에 정직한 업무처리를 상기시키는 방법을 고민했다. 그리고 다음과 같은 말을 직원들에게 공표했다.

"회사정책에 명기되지 않은 상황에 직면한 직원들은 자신의 도덕적 판단과 존경 받는 인사들이 준수하고 있는 최상의 윤리적 기준을 참고하고, 또 가능한 경우에는 사내 상급자와 관리자 및 전문가의 의견을 반영하여 결정해야 합니다. 만일 의심이나 질문사항이 있으면, 해당 조치를 취하기에 앞서 윤리 부서나 법률 부서의 자문을 구해야 합니다."

근무 중에 의심이 발생하면 윤리를 반영해야 한다는 사실을 느낄 수 있다. 윤리를 바탕으로 하는 근무라면 사심이 없이 정직하게 일할 수 있다. 이윤극대보다 윤리를 강조한 이유는 "품질은 양보될 수 없다. Quality is never compromised"라는 Heinz의 기업모토 때문이다. 또한 이를 매일 아침 반복해서 외치는 공적 미션을 부여한다. 진급하기 위해서 윤리를 철저히 감독한다. 입사 이후 중역의 자리에 오르기까지 공명정대한 업무처리를 하기 위해 줄곧 보고 읽고 다짐하며 시행해 오던 직원들이 리더가 된다. 사심이 없이 일해야 임원이 되고 진급이 된다. 세월이 흘러도 하인즈는 식품제조회사로서 막강한 힘을 발휘하고 있다. 근본적인 원인은 전 직원이 사심 없이 정직하게 일하기 때문이다.

비슷한 식품회사지만 반대 이야기가 있다. 일본우유시장 80%를 차지했던 유키지루시 유업, 1925년 설립되어 독점에 가깝게 일본 우유시장을 점령한 회사다. 2000년에 이 우유를 마신 사람들이 복통을 호소했는데 CEO는 "해당 우유와 식중독의 연관관계는 증명된 바 없다", "제품에는 문제가 없다"고 발뺌했다. 그럼에도 식중독 환자가 1만 4,000여 명까지 늘어나자 보건당국은 강제리콜을 명령했다.

강제리콜 조치가 내려지자 CEO는 "공장의 기계 하나

가 바이러스에 감염됐지만 그 기계는 이미 가동 중단했다"며 "안심하고 우리 제품을 계속 이용해 달라"고 해명했지만 이 역시도 거짓말이었다. 문제의 기계가 계속 돌아가고 있다는 게 방송을 통해 보도됐기 때문이다. 소비자들은 분노했다. 특히 초등학생들까지 나서서 "잘 가 스노우(유키지루시 대표상품)"를 외치며 우유를 버리던 모습은 정직하지 못한 기업이 어떻게 망하는지 보여줘 세계인에게 충격을 주었다.

사심 없이 매뉴얼대로 청소를 했다면 식중독균은 나오지 않았을 것이다. 또 거짓말하지 않고 즉각 사과와 리콜, 기타조치를 취했다면 유키지루시 유업은 달라졌을 것이다. 정직하고 사심이 없이 일한다는 것은 참 중요하다.

개인도 마찬가지다. 갈수록 더 높은 도덕심을 요구하는 세상에 살아가고 있다. 정보는 공개되고 소비자의 권리는 점점 높아지고 있다. 사심 없이 정직하게 일해야 인정받는 건 물론, 위기가 왔을 때 진가를 발휘하게 된다는 사실을 기억하자.

08

부패 가능성 요인제거를
적극적으로 받아들이자

자본주의 사회에서 가장 큰 힘은 두말 할 것 없이 돈이다. 돈이 있는 사람이 권력을 잡을 수 있고, 정책도 좌지우지할 수 있다. 개인욕심을 기반으로 돈 버는 자본주의 자체는 효율적인 시스템이다. 20세기 말 소련붕괴를 보면서 문제 많고 탈도 많지만 자본주의가 효과적이라는 것이 증명되었다. 다른 대안이 나오지 않는 이상 자본주의는 영속할 것처럼 보인다.

돈이 있는 곳에 부패가 존재해왔다. 돈은 교환수단이지만 사람의 욕심을 자극하는 마력 같은 존재다. 고고한 정신을 지닌 사람이 아니면 마력에 쉽게 넘어간다. 부정부패를 저지른 사람을 보면 평범한 사람들뿐이다.

"비타500 상자 안에 가득 차 있는 5만 원 현금을 보면
없던 마음도 움직이게 된다."

비리를 저지른 누군가가 자신도 어쩔 수 없었다고 말해 세간에 화제를 모았다. 속담에도 있듯 돈은 귀신도 부리는데 사람쯤이야 별 것 아닐 것이다. 자본주의에 영속된다면 부패 가능성 자체를 근절하는 일을 고민해야 한다.

누군가 인류사에는 부정부패가 늘 존재했었다고 말한다. 동의한다. 사실 어떤 역사를 보더라도 부정부패는 늘 존재했었다. 청렴교육을 시키고, 처벌을 해도 부정부패가 존재했다. 반대로 누군가는 부정부패 가능성자체를 뽑고 싶어 했던 사람도 있었다. 철도레일처럼 두 존재는 항상 있었다.

택시를 타고 이동하던 중 기사님과 이런저런 이야기를 나누다가 청렴강사로 나를 소개했다. 기사님은 한 때 우리나라 호황을 겪은 시기가 비정상적인 사회였다고 설명했다. 호황 시기는 1980년대로 3저 현상(저유가, 저물가, 저금리)으로 인해 제조업은 성행했고 곳곳에서 건설 붐이 일어났다. 기사님도 중견건설업에 일하며 일주일 중 3일은 대형건설사 수주로비를 하고 3일은 하청건설업체 로비를 받았다고 했다.

매일 이어지는 술 파티와 음성적 돈 잔치가 자기 말고도 성행했다. 비정상적인 모습이었고, 모두가 그렇게 살

앉다고 한다. 1997년 IMF가 터지고 나서야 정상적인 사회로 돌아왔다고 말했다. 과거에는 회의가 끝나면 식사는 기본이고 술 파티 등 당연했던 것들이 줄어들고 공개입찰, 자료공개 등 차츰 모든 것이 투명해졌다고 말했다. 기사님 말을 듣고 갈수록 부패요인은 줄어들고 있다고 생각했다. 음성적으로 부정부패가 터지고 있지만 과거에 비해 금액이나 규모는 확실히 줄었다.

얼마 전 한국은행에서 동전을 없앤다는 뉴스를 본적이 있다. 잔돈은 계좌로 넣어주는 방식이다. 전자화폐가 대세를 넘어 필수로 자리 잡고 있다. 최근 전 세계적으로 지폐가 사라지고 있다. 선진국은 지폐 없는 나라를 선포하고 전자화폐로 전환했고, 500만 원 이상은 무조건 전자거래를 하는 등 지폐가 사라지고 있다.

지폐가 없어지면서 생기는 장점은 상당히 많다. 지폐 유지관리 비용이 없어지고, 지하경제를 줄일 수 있으며, 부정부패 가능성이 근절될 수 있다. 또한 범죄가 줄어든다. 반대로 개인 정보노출이라는 큰 과제를 안고 있다.

기술은 매일 같이 진보한다. 개인정보노출에 대한 문제가 해결 된다면 100% 전자화폐 시대가 열릴 거라고 전문가들은 말한다. 거래가 투명하게 되고 오픈 된다면 부정부패 자체를 근절할 수 있을 것이다. 문제는 이걸 받아들이는 우리의 자세다.

　과거 비정상적이었던 걸 정상으로 여기며 살 수 있는 게 사람이다. 부정부패를 한번 저지른 사람 역시 두 번 저지르는 이유는 재미를 봤기 때문이다. 전자화폐 시대가 열리면서 부패가능성은 더더욱 줄어들 것이다. 부정부패를 통해 부를 축적한 사람들이 전자화폐를 어떻게 받아들일지 지켜봐야 할 몫이지만 시간이 갈수록 깨끗해지고 있는 사회를 보면 후손들은 더 투명한 사회에서 살아갈 수 있을 거라고 생각한다.

09

리더의 목표를
재정립하라

몇 해 전, 교육의뢰를 받고 모 회사의 리더급 교육을 진행한 적이 있다. 그 곳에서 만난 교육 담당자가 "오늘 교육은 리더의 역할과 책임에 대해서 분명하게 정의를 내려달라"는 부탁과 함께 한 가지 당부를 했다.

"이제 막 리더급으로 승진하신 분들입니다. 아시겠지만 직장생활의 대부분은 상사가 아닌 부하로 오랜 기간을 보냅니다. 그렇다보니 막상 책임을 지는 상사의 자리에 오르면 그 동안 해오던 습성을 한 번에 바꾸기는 어려운 것 같습니다. 개인으로서 능력이 뛰어난 것보다 조직에서 리더로서 구성원을 이끌어갈 수 있는 역량 있는 관리자가 되어야겠다는 마음가짐을 심어주세요"

교육담당자의 요청사항을 들으며 교육대상자들과 사전인터뷰를 진행했다. 가장 많이 고민이 되는 부분이 무엇이냐는 질문에 승진과 함께 커지는 부담감 중 한 가지는 어떻게 하면 조직원들을 잘 이끌어 갈 것인가를 고민하고 존경받는 리더가 되기 위해 나는 어떤 방법을 취해야 하는가에 대해서 가장 많은 생각을 한다는 것이다.

마스터카드의 '프라이스리스(Priceless)' 광고 캠페인으로 유명한 30년 경력의 PR 전문가이자 작가인 케빈 알렌은 기업들이 리더십에 대한 사고방식에 접근하는 방법에서 변화를 확인했다고 밝혔다. 그에 따르면, 이들은 지휘통제형 리더십에서 직원과 고객에 초점을 맞추는 리더십 유형으로 옮겨갔다고 했다.

또한, "지금은 '고립된 리더'의 이미지보다는 개방형 리더라는 이미지를 구축하기 위해서 세상 밖으로 모습을 드러내야 하는 시대이다. 최소한 고객과 직원들에게 귀를 기울이는 시늉을 해야 한다"고 컬렌은 말했다.

명령을 하는 대신 의견과 피드백을 듣고, 더 참여를 하고, 질문을 하고, 대답을 하도록 만들 수 있는 공감형 리더십이 필요하다고 설명했다. 자신만의 리더십으로 조직의 변화를 추구하기 위해서는 자신의 생각을 타인이 존경할 수 있게 만들어야 한다. 켈렌 직원들에게 나타난 변화의 시작은 직원의 소리에 귀를 기울이는 최소한의 노력이 있었기 때문이다. 리더는 실무에서 일하는 사람이 아니다. 경청하고 공감하며 조직의 능력을 극대화하는 사람이다.

정부기관에 가면 종종 전 타임 강사로 은퇴한 공무원이 강의를 하곤 한다. 자신의 공직생활이야기와 후배공무원들에게 도움이 될 만한 이야기를 해준다. 은퇴했지만 선배 공무원으로서 자랑스러운 순간일 것이다. 종종 이런 생각을 해보기도 한다. 만약 재직시절에 부정부패를 저질렀다면 저런 무대에 올라 후배들에게 강의를 할 수 있을까. 아마도 재직시절 청렴했기에 강사라는 또 다른 삶을 선택할 수 있었을 것이다.

나라를 경영하는 모든 리더의 목표는 무엇일까? 아마도 부국강병이 아닐까 생각한다. 종종 그것이 아닌 리더도 있겠지만 나라의 리더라면 거의가 부국강병을 목표로 삼는다. 재직시절 나라를 더 발전시키고 위상을 높이기 위해 고군분투한다. 이와 연결해서 조직을 이끌어나가는 리더의 목표는 무엇일까? 조직의 효율이나 성과를 극대화하는 것이다. 자신이 몸담고 있는 조직이 다른 조직보다 탁월한 성과를 내는 게 목표다.

리더가 목표를 잃는다면 조직은 어디로 갈지 모른다. 리더가 중심이 없다면 조직원들도 중심 없이 흔들리게 된다. 리더에게 가장 필요한 덕목이 바로 목표설정능력이다. 현재 리더이거나 리더를 꿈꾼다면 목표를 재단장할 필요가 있다. 그리고 '청렴한 리더'는 목표가 될 수 없다. 청렴은 리더로 가는 기본이 되기 때문이다.

청렴은 그 자체일 뿐이다. 청렴이 성과일 수 없다. 가끔 청렴 자체를 높게 평가한다. 반대로 생각하면 세상이 청렴하지 않다는 뜻이다. 리더의 덕목은 청렴이지만 리더의 성과는 청렴이 아니라는 점을 기억하자. 리더의 성과를 위해 그리고 청렴을 더욱 확고히 다지기 위해 목표 재정립에 관심을 가져야 한다.

그럼 리더로서 목표를 어떻게 설정하고 잡아야 할까.

첫째, 궁극의 목표는 자신의 삶은 물론 조직까지 기대치를 매우 높게 잡는다. 할리우드 배우 윌 스미스는 가장 두려운 사람을 "150% 계획하고 120%를 달성하는 사람"이라 했다. 우리는 통상 100%를 최대치라 생각하지만 높게 잡으면 더 큰 에너지를 쏟아낼 수 있다. 자신의 삶에 대해 높은 수준의 기대감을 가지고 있는 사람은 스스로 부정부패에 발을 들여놓지 않는다. 높은 수준을 달성하기 위해 청렴은 기본이고 탁월한 성과를 내기 위해 끊임없이 자기계발을 한다. 낮은 수준의 목표보다 150% 목표를 잡고 120%를 달성하자.

둘째, 목표가 조직원들과 함께 가야 한다. 1인 기업이나 프리랜서라면 혼자 목표를 향해 전력질주 할 수 있지만 리더는 조직이 있다. 리더가 세운 목표는 조직원이 수긍할 수 있어야 한다. 그리고 목표소통을 위해 힘써야 한다. 조직원들을 설득하지 못하면 업무는 의무가 될 뿐이다. 조직원들과 함께 갈 수 있는 목표를 재정립하라.

목표를 재정립한다는 건 새롭게 시작한다는 말이다. 조령석개하듯 새로운 목표를 매일 만들면 문제가 되지만 마음을 재정립한다는 건 마음가짐을 새롭게 단장한다는 뜻이다. 리더가 되었을 때 목표 재정립부터 하자. 청렴은 물론 조직의 성과까지 달라질 것이다.

10

당연한 관행에 대해
끊임없이 의심을 보내라

우리 주변에는 당연한 것에 끊임없이 의심을 보내 사업 아이템을 잡아 성공한 사람이 많다. 와인을 꼭 고급스럽게 먹어야 하는지 의심을 보내 포장된 와인 잔을 만들어 대박을 터뜨리고 청소기에는 필터가 당연히 있다는 상식을 뒤엎은 다이슨 청소기가 좋은 예다. 부정부패도 마찬가지다. 우리가 일상에서 당연하다고 생각하는 것을 의심 없이 받아들인다면 부정부패는 계속 될 수밖에 없다. 끊임없이 의심하고 개선책을 찾아나서야 한다.

'일본에서 가장 존경받는 3대 기업가'로 손꼽히는 이나모리 가즈오 명예회장의 일화이다. 최고 경영자가 되고 보니 임원은 물론 직원들까지 무엇이 문제인지 모르고 회사 돈을 펑펑 사용했다. 이나모리 가즈오는 하나씩 개선해나갔다. 임원 첫 회의가 끝나고 이루어지는 뒤풀이를 하는데 임원들은 당연한 듯 가만히 보고만 있었다. 이나모리 가즈오 회장은 임원들에게 갹출을 지시한다. 맥주 값, 안주 값을 갹출한 것이다. 그동안 회의가 끝나고 당연히 회사 돈으로 뒤풀이를 할 줄 알았던 관행을 깬 것이다.

적자가 있는 항공노선을 정리하고, 직원들이 당연하게 받았던 혜택들을 과감히 줄였다. 시간이 흘러 2년 8개월 만에 V자 성장을 이루며 다시 한 번 일본대표 항공회사로 흑자를 내게 된다. 임직원들에게는 당연한 관행이었지만 이나모리 가즈오 회장이 볼 때는 이해할 수 없는 것이었고 이에 의심을 보내 정리한 것이다. 그리고 흑자로 만들었다.

리더는 당연한 관행에 대해 끊임없이 의심하고 변화를 시도해야 한다. 과거 선배가 그랬다고 자신도 그렇게 행동한다면 발전은 딱 거기까지 만이다. 선배들의 당연함에 의문을 품어볼 필요가 있다. 의구심을 품은 것 중에 개선할 것이 있다면 당연히 변화시켜야 한다. 변화는 저항과 함께 온다. 변화를 위해 저항이 왔다면 잘 가고 있다고 생각하면 된다.

우리는 보이는 것 때문에 보이지 않는 걸 구속한다. 보이지 않는 걸 찾기 위해 의심하고 시야를 넓혀야 한다. 이역시 평소에 훈련된 사람만이 의심할 수 있는 경지다. 리더는 이 훈련이 된 사람이다. 만약 어렵다면 외부에서 데리고 와서 일할 수 있는 여건을 만들어 주면 된다.

규모가 큰 회사는 외부 컨설팅회사에 의뢰해 회사의 여러 가지 문제점을 개선한다. 청렴부분도 마찬가지다. 장기나 바둑은 훈수 두는 사람이 잘 보듯 외부사람 눈엔 더잘 보인다. 하지만 컨설팅 비용이 상당히 높다. 관점을 바꿔 조직원이 당연한 관행에 끊임없이 의심을 보내도록 만들 필요가 있다. 특히 부정부패에 관해선 개인탐욕이 개입될 수도 있기 때문에 세세한 부분까지 의심해야 한다.

당연한 것에 의심을 보내고 개선하는 방법은 다음과같다.

첫째, 시야를 외부로 돌려라. 내부자 눈으로 보면 당연한 것이다. 하지만 외부사람의 눈으로 본다면 개선점을찾을 수 있다. 자신을 외부사람으로 만들 필요가 있다. 외부사람으로 만들기 위해서는 자극이 필요하다. 교육, 견문 등 다양한 방법으로 시야를 외부로 돌려라.

둘째, 아무리 완벽해도 개선점이 있다고 생각하고 접근한다. 개선제안 왕으로 알려진 선진D&C 윤생진 대표가 있다. 그는 제조현장 개선으로 제안왕 타이틀을 얻었다. 어느 날 사무직 직원을 상대로 강의를 나갔다 질문을 듣게 되었다. 사무실은 개선할 것이 전혀 없다는 것이다. 윤생진 대표는 질문자의 사무실로 향했다. 사무실을 살짝 둘러보니 시계는 멈춰있었다. 핸드폰으로 시계를 보는 시대지만 개선점을 찾은 것이다. 이 세상에 완벽은 존재하지 않는다. 반드시 문제가, 개선점이 있다는 사실을 기억하자.

당연한 관행에 의심을 보낸다는 건 사고의 전환, 관점의 변환이다. 어려운 일이다. 하지만 리더가 되기 위해선 꼭 필요한 작업이며 깨끗한 조직을 위해 거쳐야 하는 행동이다.

11

공정하고
투명한 판단과
행동을 하라

"상 참 잘 주죠?"

대한민국 대표 여배우 김혜수의 말이다. 청룡영화제 MC를 본 김혜수가 대종상영화제를 비꼰 것이다. 우리나라의 양대 영화제 중, 청룡영화제는 여전히 흥행과 성공 가두를 달리고 있고 대종상영화제는 끊임없이 구설수에 올라 질타를 받고 있다. 그 이유는 시상기준 시스템 때문이었다.

2015년 대종상영화제 사업본부장은 파격적인 영화제 시상방식을 도입했다. 과거 불공정한 심사, 부실한 시상, 투명하지 못한 거래 등 부정적인 이미지가 강했던 대종상 영화제를 깨끗하게 만들기 위해 새로운 시상 방식을 도입한 것이다.

대종상영화제는 특정배우, 특정영화 중복수상 등 불명

예스런 시상식이 지속되었지만 대중들은 기대감을 가지고 새로운 방식을 고대했다. 하지만 2015년 막상 뚜껑을 열어보니 달라진 것이 별로 없었다. 천만 관객을 동원하는 영화배우들이 참가한다고 해도 불공정한 시상 때문에 일반 대중은 냉소를 보냈다.

반대로 청룡영화제는 대종상영화제에 불참했던 스타들이 대거 참석해 흥행에 성공한 것이다. 이런 일련의 현상을 본 배우 김혜수 씨는 "상 참 잘 주죠?"하며 비꼰 것이다. 결국 공정하고 투명하지 못해 큰 낭패를 본 행사였다. 혁신적인 시상시스템과 행동을 오랫동안 보여주지 않는 이상 대종상영화제는 앞으로도 흥행이 어려울 거라는 생각이다.

비단 시상식뿐일까. 우리는 다양한 요소로 사람을 판단한다. 외모는 물론 성격, 능력 등 다양하게 보는데 매사에 공정하지 못하고 믿을만한 구석이 없다면 평가도 잔인하리만치 난도질당할 수밖에 없다.

손자병법에는 지피지기 백전불태(知彼知己 白戰不殆)란 문구가 있다. 많은 사람들이 백전백승(百戰百勝)으로 알고 있지만 사실 백전불태다. '나를 알고 상대를 알면 백 번 싸워 위태롭지 않다'는 뜻이다.

신용준 저자가 쓴《인간관계가 답이다》란 책에는 이 부분에 대해 상세히 나와 있다. 좋은 인간관계를 유지하기 위해선 친해지는 것도 중요하지만 사실 위태롭지 않아야 한다고 말한다. 친해지는 건 차후문제이며 상대방의 평가, 주변의 구설수, 상식이하의 행동을 경계하라 말한다.

당연한 이야기지만 매일 부정부패를 저지르고 구설수에 오르는 사람에게는 매력을 느끼지 못한다. 이런 사람과 관계를 맺는다는 건 위태로울 뿐이다. 사람관계에 위태롭지 않기 위해선 공정하고 투명해야 한다. 그래야 믿음이 생긴다.

영화제와 백전불태 사례를 강의하던 중 누군가 "그럼 공정하고 투명한 판단과 행동의 기준은 무어라 할 수 있을까?"란 질문을 했다. 공정하고 투명한 판단과 행동은 사회적 분위기, 관습에 따라 달라지기 때문에 기준을 정하기 어려운 것이 사실이다. 그렇다고 양심에 맡겨 행동하기에는 한계가 있다. 방법은 다수의 의견을 모으는 것이다.

다수의 의견이 정답은 아니지만 보편타당한 의견을 받을 수 있다. 다수가 인정하는 행동과 판단을 한다면 공정성과 투명성을 높일 수 있다. 우리가 부정부패 사건에 분노하고 손가락질 하는 건 다수가 잘못되었다고 판단하기 때문이다.

공정하고 투명한 세상은 다수가 인정하는 세상이다. 다수의 의견이 정답은 아니지만 청렴 앞에서는 다수의 의견이 정답에 가깝다는 사실을 기억하고 매사에 철저히 공정하고 투명하게 업무처리를 하자.

—

시대가 변해도
모든 리더의 승패는
청렴이다

01

재능이
덕을 넘어선
안 된다

대통령이 하는 일 중 가장 중요한 일을 꼽으라면 사람 쓰는 일, 즉 인사(人事)다. 인사 중에서도 취임 후 첫 인사는 국민들의 관심이 클 수밖에 없다. 첫 인사가 어떻게 하느냐에 따라 국민들은 새로운 정부의 분위기를 파악할 수 있기 때문이다. 이명박 정부는 첫 인사 때 언론과 국민들에게 질타를 받았다. 바로 인사에 관한 발언 때문이다. 언론이 첫 인사들의 과거에 문제를 제기하자 이명박 대통령은 "능력만 있다면 과거는 중요치 않다."라고 발언했다. 국민정서와 맞지 않는 이 발언에 언론의 질타가 이어졌고 인사교체와 사과로 겨우 마무리 되었다.

과연 '과거와 능력' 중 무엇이 더 중요할까. 과거의 삶도 청렴하고 능력도 있다면 최고지만 하나를 선택하라면 리더로서 괴로운 일이다. 파트너 강사들과 이 문제를 두고 토론을 한 적이 있다. 정서상 '능력은 차츰 기를 수 있지만 본성은 쉽게 바뀌지 않으니 과거가 중요하다'라는 결론을 내렸다. 그리고 머리가 좋은 것은 유리한 일이지만 정보화 사회에서는 좋은 머리보다 도덕성이 더 중요하지 않을까 싶다.

삼국지에는 '예형'이라는 인물이 나온다. 그는 당대의 천재로 혼란한 정국을 끝낼 만한 인물로 공용의 추천을 받아 위나라 조조에게 천거된다. 예형 스스로도 자신을 천재로 인정했다. 하지만 그는 다른 사람을 우습게보고 독설을 거침없이 날렸다.

처음 예형을 만난 조조는 그의 언행이 마음에 들지 않았다. 공용의 추천과 천재라는 생각으로 우선 등용했다. 하지만 등용된 후에도 독설과 예의를 무시한 행동으로 인하여 조조는 그를 제거하기로 마음먹는다. 제거전략은 오만함을 활용하는 것이었다. 예형은 유표의 사자로 형주에 내려간다. 유표 역시 예형의 독설과 무례한 행동이 마음에 들지 않아 자신의 수하인 강하태수 황조에게 보내버린다. 유표의 심복 황조는 예형이 자신에게 왜 왔는지 눈치를 챈다. 그런 황조 앞에서 예형이 독설과 무례한 행동을 하자 황조는 예형을 죽인다.

예형은 언행 때문에 재능을 한 번도 제대로 펼치지 못

한 채 죽임을 당하고 만다. 아무리 당대 천재이고 출중한 능력이 있다 해도 사람 간의 화합이나 덕이 없다면 죽음을 피할 수 없다. 현대 사회에서 죽음이란 곧 평판으로도 볼 수 있다. 재능이 덕을 넘어서는 곤란하다.

우리 모두는 다른 위치에서 다른 일을 하고 있다. 다 다르지만 모두 각자의 위치에서 성공을 하기 위해 노력하는 중이다. 성공을 하기 위해선 여러 가지 요소가 필요하다. 특히 도와주는 사람이 많다면 성공할 가능성은 그만큼 커진다. 또 어떤 일을 하든지 혼자 이룰 수 있는 일은 거의 없다. 사람들이 함께 도와주어야 한다. 즉 성공은 사람과의 화합이 중요한 요소인 것이다.

재능이 아무리 뛰어나도 사람화합을 이루지 못하면 한계가 있기 마련이다. 딱 혼자 할 수 있는 만큼만 클 수 있을 것이다. 재능이 덕을 넘어서는 순간 주변 사람은 그를 떠나고 만다. 당사자만 모르지 주변은 이미 덕의 한계치를 알고 있기 때문일 것이다. 인성은 암묵적으로 너도 알고 나도 알 수 있는 항목이다.

그런 덕은 베풀면 쌓인다. 그러나 베풀기 이전 꼭 필요한 것이 있다. 바로 청렴해야 한다는 사실이다. 과거에 비해 기업의 사회적 의무를 중요시하게 되면서 비로소 기업도 베풀기 시작했다. 기업의 목적은 이윤창출인데 베풀 수 있다는 것은 위대한 일이다. 하지만 기업총수가 부정 부패를 저질러 검찰에 출두했다는 뉴스를 보게 되면 그동 안 기업이 베풀며 사람들의 마음속에 그려놓았던 이미지 는 순식간에 부정적인 것으로 바뀌고 만다.

비인부전 부재승덕(非人不傳 不才承德)이라는 말이 있다. 사람됨에 문제 있는 자에게 벼슬이나 재능을 전수하지 말 며 재주나 지식이 덕을 앞서게 해서는 안 된다는 뜻이다. 덕의 기초는 성실과 청렴이다. 성실하고 청렴하다면 주변 사람들이 도와주는 경우를 많이 볼 수 있다. 그만큼 성실 하고 청렴하면 성공할 가능성이 높아진다.

짧은 순간 요행으로 성공할 수도 있다. 하지만 그것은 오래가지 못한다. 요행은 잠깐이지만 성공을 지속시키는 건 성실과 청렴이기 때문이다. 그리고 그런 사람만이 주 변에서도 도와주고 싶은 마음이 들게 한다. 이는 인지상 정에 속한다.

시대가 변했다. 변화의 속도가 순식간이다. 그 속에서 도 변하지 않는 게 있다는 사실이 그나마 위로를 준다. 그 것은 사람들은 성실하고 청렴한 사람을 좋아한다는 진실이다. 그런 사람은 얼굴에서도 깨끗함이 묻어난다. 또한 언행에도 진정성이 담겨 있다. 사람 사이에 진정성이 묻어난다는 것은 그나마 위로이다.

우리 모두는 각자의 위치에서 자신이 생각하는 성공을 향해 달려가고 있다. 성공의 기초는 결국 사람이고 사람을 끌어내는 능력은 청렴과 성실이라는 사실을 잊지 말자. 청렴은 암묵적이지만 언행을 보면 대략 느낌으로 알 수 있다. 누구나 말은 안 하지만 한 개인의 태도를 보면 청렴한 사람인지, 아닌지 정도는 대충 구분할 수 있다.

02

가까이에서 존경하고
멀리서도 변하지 않는다

한국재외공관은 외국에서 우리나라를 대표하는 곳이다. 그 중 한국대사관, 한국문화원이 대표적인 곳이다. 2015년 말 재외공관에서 일어난 천태만상 비리사건이 대대적으로 보도되었다. 내용을 보면 비리 종합세트를 연상하게 된다. 모 한국문화원장은 정당한 절차를 밟지도 않고 딸과 배우자를 채용하고 다양한 명목으로 1억 원이 넘는 인건비와 출장비를 부당 취득한다.

또 공금을 자기 것처럼 사용한 문화원 직원, 음주운전을 보고하지 않았던 직원 등 다양한 비리가 속속 나왔다. 과거에도 재외공관에서는 성추행, 공금횡령 등의 문제가 끊임없이 발생했다. 재외공관이라 감사가 소홀한 점도 있지만 국내를 떠나 해외에 있다는 것 하나만으로도 도덕적 해이가 심각해질 수 있는 것 같다. 반대로 생각한다면 해외에서 대한민국을 대표로 하는 사람이라면 더 청렴해야지 않을까 하는 안타까운 마음이 든다.

멀리 있기에 더욱 청렴하여 천하통일을 이룬 사람이 있다. 혼란스런 후한시대에서 삼국(위, 촉, 오)시대를 거쳐 진(晉)를 세운 건 사마 씨 집안이다. 그 중에서 통일의 기틀을 마련한 건 위나라 신하였던 '사마의'였다. 뛰어난 재능으로 속내를 알 수 없었던 그는 최후의 승리를 얻기 위해 행실에 조심했다. 특히 의심 많은 위왕 조조를 존경했고 뛰어난 자신을 시기하는 사람들 속에서 청렴을 무기삼아 끝까지 살아남았다.

용병술에 탁월했던 사마의는 황제 조예의 명에 따라 공손연을 토벌하러 간다. 공손연은 요동 땅에 있었고 수도와 멀리 떨어져 있었다. 장기간 전쟁이 예상되었기에 내부투쟁이 일어날 수 있었던 터라 사마의는 황제에게 철저하게 보고했다. 전쟁기간은 1년으로 하고 상대를 끌어내는 전술을 펼칠 예정이라고 보고한다.

황제는 1년간 사마의를 믿어야 했다. 전쟁기간은 1년 동안이라고 못 박았기에 1년 동안은 내부투쟁이 일어나지 않을 수 있었다. 사마의는 시간이 흘러도 흐트러지지 않는 모습으로 전쟁에게 나가 공손연을 토벌했다. 문제는 그 후였다. 요동의 겨울은 빨리 왔고 병사들은 추위에 떨었다. 당시 창고에는 전리품으로 공손연 군대의 솜옷이 가득했다. 부하장수들은 창고에 있는 솜옷을 병사들에게 나눠주자고 제안했지만 사마의는 단호히 거절한다. 추운 병사들을 생각하면 냉정한 거절이었지만 군법에 따르자면 공적으로 얻은 물건을 장수가 임의로 나누어 줄 수는 없었던 것이다.

역사학자들은 여기에 사마의의 현명함이 있다고 말한다. 감시와 견제를 받고 있는 그가 선심 쓴다고 솜옷을 나눠주면 공적 물건을 사적으로 사용했다고 트집 잡아 사마의를 위험하게 만들 수 있었기 때문이다. 또한 힘들게 얻은 승리인데 솜옷 하나 때문에 공로를 잃을 수도 있었다. 무엇보다 한 번 무너진 원칙으로 부하장수와 병사들에게까지 도덕적해이가 발생할 수 있었던 것이다.

멀리서도 변하지 않고 충성과 청렴을 보인 사마의에게 황제는 더 큰 믿음과 신뢰가 생겼다. 멀리 있고 눈에 보이지 않는다 해도 이처럼 청렴을 유지한다면 물감 번지듯 인품과 능력은 서서히 알려지는 법이다. 주변의 많은 눈들은 리더의 행동을 지켜보고 있는 것이다. 이것이 팔로워십을 가능하게 한다.

리더는 갑자기 탄생하지 않는다. 오랫동안 조직에 몸담고 평소 쌓은 평판으로 서서히 탄탄한 리더 자리를 구축하게 된다. 이때 리더가 평소 어떤 행동을 했는가가 중요하다. 특히 멀리 있고 눈에 보이지 않는 시기에 청렴한 행동을 한다면 평가는 더욱 높아진다. 하지만 대부분의 사람들은 멀리 있고, 눈에 보이지 않는 시기에 도덕적 해이에 빠지곤 한다. 그래서 무늬만 리더인 사람도 많다.

리더십에 관한 고전을 뽑으라면, 《중용》을 빼놓을 수 없다. 《중용》에서는 리더에 관한 여러 가지 조언 중 신독(愼獨)을 중요하게 여긴다. 신독은 '자기 홀로 있을 때에도 어긋나지 않는다'란 뜻을 갖고 있다. 보이기 위한 것이 아니라 자신에게 진실한 것이 멋지지 않은가. 결국 안과 밖이 같은 사람이라는 이야기다.

혼자 있고 멀리 있을 때 유혹이 가장 많은 법이다. 그래서 중용은 리더의 극치는 혼자 있을 때 나온다고 말한 것이다. 자신이 모시는 사람이 어디에 있든지, 또 보는 눈이 있든 없든 상관없이 신독의 자세로 청렴을 유지한다면 리더로서 자질을 갖출 수 있다. 아무리 능력이 뛰어나더라도 보이는 곳에서만 열심히 하는 척 한다면 분명 한계가 있다. 청렴은 한계를 뛰어넘게 하는 힘을 지닌다.

03

윤리의식은
일상생활에서부터
시작이다

1996년 대한민국 운전자 모두에게 차량정지선과 신호를 지키게 했던 〈이경규가 간다-양심냉장고〉란 프로그램이 있었다. 높은 시청률로 인기가 하늘을 찔렀다. 당시 아빠가 운전 중에 차량정지선을 안 지키면 아이들이 "정지선을 안 지켜 양심냉장고 못 탔다."라고 할 정도로 정지선 지키기와 신호 지키기에 기여한 공이 컸던 프로그램이다.

이 〈양심냉장고〉를 기획했던 김영희 PD가 MBC 〈무릎팍 도사〉에 나와 당시 기획의도와 1회 촬영이야기를 해주었다. 타 방송국 시청률 경쟁에서 이길 수 없었던 김영희 PD는 정지선 지키기, 신호 지키기 프로를 기획했다. 스탭들은 야간 촬영을 해야 하고, 주인공이 자동차인데다 누가 밤늦은 시간에 신호를 지키겠느냐고 반대했다. 하지만 PD는 고집을 피웠다. 그는 이경규 씨를 MC로 섭외하고 촬영을 강행했다.

촬영 몇 시간이 지나도 신호를 지키는 차는 없었다. 이경규 씨와 스탭 모두가 지쳐있었다. 이 상황을 지켜본 이경규 씨는 "우리 시대에 양심은 나타나지 않는군요."라고 말하자 다른 MC가 받아치듯 "우리나라 사람은 법대로 살면 손해 본다고"라고 말해 씁쓸한 분위기가 이어졌다. 그런데 촬영을 접을 때쯤 소형차 하나가 달려왔다. 마지막이라는 믿음으로 촬영을 하는데 그 차는 기적처럼 정지선과 신호를 지키고 출발했다.

스탭들이 달려가 운전자를 잡았다. PD가 운전자의 얼굴을 살짝 보니 일그러진 표정이었다. '아차, 음주운전자'란 생각을 했는데 알고 보니 장애우였다. 주인공은 웃으며 "나는 늘 지킨다."고 말하였고 첫 양심냉장고 주인공이 되었다.

방송이 나가고 나서 시청자들은 "그래도 시대 양심은 있다"고 말하며 모두 놀랐다. 방송 이후 정지선 지키기와 신호 지키기는 유행처럼 번지고 교통질서를 잡는데 큰 도움이 되었다. 신호 지키기, 정지선 지키기 등은 당연히 지켜야 하는 것들로 우리의 일상이다. 당시로는 일상에 정착이 안 되어 있어 당연한 걸 지키는 사람에게 냉장고를 주었다. 그만큼 윤리의식이 부족했었다. 다행히 서서히 개선되는 것 같다.

윤리관련 책자를 보면 '윤리의식'이란 단어를 많이 볼수 있다. 나 역시 강의를 하러 나가면 윤리의식이란 말을 자주 사용한다. 윤리의식의 정확한 뜻을 알기 위해 여기저기 찾아봐도 시원하게 나온 정답이 없었다. 그만큼 윤리의식을 뭐라고 정의내리기가 힘들다. 정의를 내리기 힘들다면 일상에서 찾으면 어떨까.

어쩌면 〈양심냉장고〉처럼 일상에서 정지선과 신호를 지키는 것이 윤리의식이 아닐까 생각해 본다. 조금 번거롭더라도 지켜야 할 건 지키는, 보이지 않는 양심이며 다른 사람의 시선을 신경 쓰지 않고 스스로 지키는 양심 말이다.

"모든 민주주의에서 국민은 자신들의 수준에 맞는 정부를 가진다."

프랑스 정치가 알렉스 드 토크빌의 말이다. 현 정부나 공직자들의 수준은 딱 우리 국민의 수준이 아닌가 생각해 볼 일이다. 조금 더 비약한다면 지금 우리들 일상의 양심을 보면 윤리의식의 수준을 알 수 있고 나아가 정부의 수준까지도 알 수 있다고 하겠다. 누구를 원망할 것도 없다. 그것이 지금 우리의 수준인 것이다.

한때 이케아 매장 연필이 언론에 이슈된 적이 있다. 이케아 매장에서는 고객들이 메모하기 쉽도록 공짜 연필을 자율적으로 나누어준다. 매장에 감시원은 따로 없지만 통상 1인 1개라는 사실은 모두가 알 수 있다. 매장에서는 연필 개수를 1일 평균 고객 수만큼 넣어둔다. 하지만 연필은 언제나 빨리 바닥났다. 양심불량으로 각 개인이 1개가 아니라 여러 개를 가져간 것이다.

더 황당한 건 가져간 연필을 인터넷 중고거래 사이트에서 2,000원에 판매하는 사람까지 등장했다는 것이다. 그들은 '이케아 연필거지'라는 원색적인 비난을 받았지만 우리 일생생활의 양심을 보여주는 좋은 사례였다. 이케아 매장 연필 말고도 이런 일은 우리 주변에서 심각하게 자주 일어나고 있다.

꽃 전시회장에서 마지막 날 꽃을 나누어준다는 방송멘트가 나오자마자 순식간에 그곳이 전투현장으로 돌변하거나 여름이면 계곡이나 산에 쓰레기가 쌓인다는 사실이다. 지금쯤은 한번 우리의 윤리의식에 대해 다시 한 번 생각해볼 일이다. 정부나 정책자들을 욕하기 전에 스스로 알렉스 드 토크빌의 말에 대해 생각해 보자.

불행을 고치는 약은 희망 밖에 없다. 매일매일 터지는 부정부패사건과 일상에서 벌어지는 윤리의식의 파괴로

삶은 물론 사회, 정부 모두가 불행하다면 우리는 불행의 연속에 있다고 볼 수 있다. 하지만 언제나 희망이 있기 때문에 살아간다. 그리고 개선할 수 있다는 믿음 하나로 미래는 밝다고 여긴다.

간판시공을 하는 이승선 씨는 우리 주변에서 쉽게 볼 수 있는 이웃이다. 2015년 의정부 아파트에서 화재가 나자 지체 없이 가스배관을 타고 3층까지 올라가 차량밧줄로 주민 3명을 구조했다. 그리고 옥상으로 올라가 주민 7명을 더 구조했다. 다급한 순간에 기지를 발휘하여 10명의 소중한 생명을 구한 것이다.

만약 이승선 씨가 이것저것 따졌다면 가족도 아니고 고객도 아닌데 하나뿐인 목숨을 내놓을 수 있었을까. 그렇다면 화재현장에서 시민을 구할 필요까지는 없었다. 다만 이런 행동은 이승선 씨의 평소 생각이었고 의식이었던 셈이다. 이승선 씨를 생각하면 우리의 태생적 의식은 착함과 정의를 갈구한다는 것을 알 수 있다.

이승선 씨 말고도 우리는 시민들의 영웅적인 모습을 자주 볼 수 있다. 그만큼 일상에서 튼튼한 윤리의식을 가지고 있음을 알 수 있다. 이것이 우리의 희망인 셈이다. 윤리의식은 우리의 일상에 있다. 평소 사고방식은 무의식중에 더 잘 도출된다.

당장 지킬 수 있는 윤리의식부터 찾아보자. 어쩌면 신호 지키기, 횡단보도 건너기, 분리수거가 윤리의식이라고 볼 수도 있다. 이러한 윤리의식이 의식에 반영된다면 평소 올바른 선거를 통해 리더를 더 잘 판단할 수 있게 된다. 설사 잘못된 리더를 선출한다 하더라도 잘못된 것이 무엇인지 깨달음을 통해 알 수 있다.

04

권력의 주체는
이름 없는 대중이다

중국 왕조가 몰락하기 전에는 공통적으로 농민반란이 일어났다고 한다. 농민들은 관료들의 부정부패와 수탈을 이기지 못해 농기구 대신 죽창을 들고 반란을 일으켰다. 많은 사람에게 알려진 것처럼 후한 역시 노란 띠를 두른 황건군 농민반란을 시작으로 멸망의 길을 걷게 된다. 농민들의 민심을 저버린 왕조의 끝은 한결 같았다.

민심은 천심이라는 오래 전 교훈을 잊으면 결국 권력은 쉽게 무너진다. 반대로 민심을 얻게 되면 천하를 얻게 된다. 그래서 민심을 얻기 위해 공들인 왕조만이 번영을 누릴 수 있다. 권력의 뿌리는 민심에 있는 것이다. 이것은 지금 21세기에도 마찬가지인 현실이다.

프랑스 혁명 역시 이름 없는 대중의 힘으로 만든 역사이다. 왕권수탈을 이기지 못해 혁명을 일으킨 국민들은 절대왕권이라 불렸던 왕과 가족들을 단두대에 올려 새로운 세상을 만들었다. 한 순간은 사치스럽고 호화로운 생활을 했을지 몰라도 결국 민심에 의해 왕과 귀족들은 심판을 받게 되었던 것이다.

어느 시대, 어느 곳이든 권력은 권력자의 것처럼 보이지만 대중이 동의를 구해야 얻을 수 있었다. 대중의 동의가 없었다면 권력은 손 안의 모래처럼 사라지고 만다. 화무십일홍(花無十日紅)이다. 다시 대중을 대변하는 누군가가 나타나게 되면 민심은 그에게 집중되어 그가 권력을 잡게 된다. 누가 더 민심을 대변하는 사람인가에 따라 권력은 주어진다. 민주주의는 민심의 대변자 역할을 한다.

2000년대 초반 세계 곳곳에서 여러 혁명이 일어났다. 튤립혁명, 오렌지혁명, 쟈스민혁명 등은 독재정권을 물리치고 민주정부를 만든 혁명이다. 혁명의 원동력은 이름 없는 대중이었다. 어느 시대, 어떤 역사이든 권력의 뿌리는 대중에 있는 것이다.

조선시대에는 왕이 일식(日蝕)과 싸웠다는 기록이 있다. 왕의 상징인 태양을 잠시 가리는 일식은 왕에게 불길한 징조로 여겨졌다. 그래서 '구식례'라는 의식을 올려 일식이 물러나길 빌었다. 조선시대 일식은 단순한 행사가 아니라 하늘이 주는 경고라 여겨 임금은 일식을 보며 반성을 했다고 한다.

특히 세종은 덕을 베푼다면 일식이 없을 것이라고 생각했다는 기록이 있을 정도다. 일식을 천심이라 여겼던 것은 왕의 힘은 하늘에 있고 그 기반은 민심에 있다는 생각 때문이었다. 조선시대 역시 권력의 기반은 민심에 존재했다.

그럼 민심은 뭐라 할 수 있을까. 민심은 보편타당한 다수의 생각이라 말할 수 있겠다. 소수는 반대할 수 있지만 정상적인 생각을 가진, 다수가 가진 생각을 보편타당한 것이라고 보면 된다. 보편타당한 다수의 생각을 읽고 대변해주면 권력자가 될 것이고, 읽지 못하거나 반대되는 행동을 하면 권력자로서의 자질이 없는 것이다.

매번 새로운 대통령이 취임하면 '국민과의 소통'을 강조한다. 국민과의 소통을 강조하고 있다는 것은 역설적으로 소통이 되지 않고 있다는 뜻일지도 모른다. 소통이 되지 않으면 권력자는 언제든지 바뀔 수 있다. 더욱이 권력자가 부정부패하다면 국민과의 소통은 애초에 불가능하다. 소통이 되지 않기 때문에 독재정치로 넘어가거나 무너지게 된다.

전 국민을 분노로 끓어오르게 만든 영화가 하나 있다. 권력자의 내부 모습을 보여준 〈내부자들〉이란 영화다. 그 중에서 이강희(김윤식 역할)의 대사는 큰 충격을 주었다.

"대중은 개, 돼지에 불과하다. 여론이 잠식해있을 때
까지 기다리면 된다."

대중의 현실을 비꼬는 말이다. 여론에 따라 좌지우지 되는 현실이지만 분명한 것은 대중은 현실을 알고 있지만 참고 있을 뿐이라는 점이다. 민심이 천심인데 천심은 절 대 쉽게 일어나지는 않는다. 하지만 한번 일어나면 그 위 력은 상상을 초월한다. 국민 앞에 겸손해야 한다는 권력 자가 있다. 바로 미국의 트루먼 대통령이다.

"국민을 호랑이로 알라, 맹수로 알라"

그의 정치평가를 떠나 2차 세계대전 종식, 한국전쟁, 냉전체제 등 세계사의 위기를 넘기며 미국을 강대국으로 이끌었던 대통령이다. 이 역시 국민을 호랑이로 알고 정 치를 했던 리더자의 모습이다. 만약 트루먼이 오만방자 하여 대중을 쉽게 보고 정치를 했다면 여러 가지 위기 때 대중으로부터 지지를 이끌어내지 못했을 것이다. 대중의 신뢰를 이끌어낼 수 있었던 것이 평소 대중에 대한 관념이다.

　권력의 주체는 이름 없는 대중이다. 대중은 보편타당한 사고를 당연하게 여긴다. 부정부패를 저지르는 리더를 보편타당하게 여기는 대중은 없을 것이다. 대중을 호랑이로 알고, 맹수로 알고 있다면 대중이 있는 곳에 부정부패가 있어서는 안 된다. 특히 리더의 승패는 결국 청렴이라는 사실을 기억한다. 예비리더들도 이러한 의식은 마찬가지다.

05

리더는 능력보다
청렴이 더 우선이다

　무협영화에 많이 등장하는 곳이 소림사다. 무협에 관심 없는 사람이라고 하더라도 소림사 정도는 들어봤을 것이다. 소림사는 중국 하난성에 있는 절로 스님들의 수련장이다. 유명한 만큼 우여곡절도 많다. 1928년 지역 군벌에 의해 파괴되었고 문화대혁명 때 다시 한 번 파괴된다. 그 후 1980년까지 겨우 명맥만 이어간다.

　힘든 시기를 보낸 소림사는 안휘성 출신 인물의 등장으로 극적 반전을 이룬다. 그의 이름은 '스융신(釋永信)'으로 미국 MBA출신답게 '주식회사 소림사'를 표방하며 34살에 소림사의 주지가 된다. 그는 소림사를 경영 관점으로 접근한다. 우선 스융신은 디지털 소림사를 표방하며 모든 업무를 IT기기로 해결한다. 소림사 홈페이지를 만들어 관광객을 유치하고 소림사의 상징인 무승단의 상품성을 극대화해 다양한 콘텐츠를 만들어낸다. 파생상품으로 차와 음식물, 기념품, 승복까지 판매한다.

또 소림사 입장료, 소림사 체험 등 모든 걸 돈으로 만들어낸다. 그 후 세계 6개 지부를 만들어 소림사학원을 차린다. 최근 스마트 폰 어플까지 만들며 소림사로 수익을 극대화하며 능력을 인정받았다. 비록 정진과 수련이라는 본질을 벗어났다는 안티가 있지만 스융신은 소림사의 부활과 하난성 지방정부 재정을 살리는 은인 같은 존재로 급부상한다.

이런 스융신이 구설수에 올랐다. 스님으로서 여러 가지 부정부패를 저질렀다는 의혹이다. 그는 스님신분을 숨기고 여러 정부(情婦)가 미국과 독일에 있다고 폭로되었다. 조사를 해야 하는 불교계, 하난성 경찰은 음모라고 스융신을 보호했다. 하지만 호화별장 위치, 구체적인 횡령금액 등 구체적인 정황이 포착되어 난처한 입장에 있다. 네티즌들은 이번만큼은 스융신의 진실을 밝혀야 한다고 눈을 부릅뜨고 지켜보고 있다.

폭로 내용대로 정말 스님의 계율을 어기고 각종 부정부패와 스캔들을 저질렀다면 성직자로서의 삶은 끝이다. 그리고 죽은 절을 살리고 지역사회를 발전시켰다는 세간의 평가 역시 사라질 것이다. 리더가 아무리 뛰어나도 청렴하지 못하다면 거기서 끝이 나는 걸 잘 보여준 사례이다.

우리는 결과를 예찬하는 시대에 살고 있다. 과정은 상관없이 결과만 좋다면 괜찮다는 정신이 팽배하다. 결과만 예찬하게 되면 결국 도덕심과 충돌할 때 결과를 선택하게 된다. 하지만 우리는 도덕성이 무너진 기업이 망하는 걸 자주 보게 된다. 거기에 도덕심이 부족한 리더의 붕괴 또한 종종 보게 된다.

현재 공공기관은 매번 청렴도 평가를 받는다. 많은 공공기관의 리더들이 위기관리를 위한 청렴도 평가를 단순 위기관리 차원에서만 접근하는 경향이 많다. 그러다 보니 직원들을 모아놓고 짧게는 1시간, 길게는 6시간 정도의 일회성 교육만으로 1년 동안 청렴하길 바라는 것이 현실이다.

공기업 청렴도 평가에서 항상 저평가를 받았던 남부발전 역시 그랬다. 청렴한 기업으로 거듭나기 위해 끝없는 변화를 시도하는 교육을 받고, 서약을 하고, 발령을 냈지만 결과는 하위권을 벗어나지 못했다. 하지만 오랜 시간 저평가에서 벗어나지 못할 것 같은 남부발전이 청렴한 기업으로 우뚝 선 계기가 있었다. 바로 리더가 리더에게 보내는 이상호 사장의 편지 한 통이 시작이었다.

'지금 당신의 자리가 청렴하지 못하면 국민과 사회, 그리고 가족으로부터 신뢰를 얻지 못하고, 아무리 좋은 기술과 능력이 있어도 모래 위의 집이 될 뿐이니 어떤 상황에서든 깨끗함과 정직함을 유지하기 위해 부적처럼 지니고 다녀야 할 편지'

제목: 남부발전 사장님이 사업소장에게 보내는 편지

당신의 자리는 영광의 자리이기도 합니다만 몰락의 자리이기도 합니다.

먹을 것을 삼가시고 절제 하십시오.
그 절제가 독하지 않으면 당신은 본부장으로서의 자격이 없습니다.
꼭 식사를 통하여 대화할 필요가 있다면 당신이 대접 하십시오.
식사 이외에도 주변에서 부정의 유혹이 들어오고 이를 도저히 뿌리치기가 힘들면 당신의 앞날과 가족을 생각하고 내가 드릴 이 글을 부적이라 생각하고 몰래 꺼내 보십시오.
그래도 뿌리치기가 힘들면 주저마시고 용기를 내어 저에게 이메일을 보내주십시오.

"사장님, 이 자리에 있기가 너무나 힘이 듭니다. 다른 곳으로 발령 내어 주시기 바랍니다"

이 편지는 당신을 지키는 부적입니다.

당신과 당신의 가족 그리고 당신이 몸담고 있는 사업소의 명예를지키기 위해서 사장으로서 직장선배로서 보내는 글임을 명심하시고 늘 몸에 지니고 다니시기 바랍니다.

짧은 편지가 마음에 깊은 울림을 주었고 임직원 모두가 반성하며 청렴을 위해 함께 뛰었다. 그 후 모두가 아는 남부발전으로 변화된 것이다. 이상호 사장은 리더가 청렴해야 된다고 계속 강조하면서 윗물이 맑아야 아랫물이 맑다는 말을 몸소 실천했다.

리더가 능력이 좋아도 뒤에서 챙긴다면 직원들은 능력보다 뒷거래에 중심을 두고 리더를 판단할 것이다. 설령 직원들 역시 그런 뒷거래에 익숙해질 수도 있다. 리더를 꿈꾼다면 청렴부터 챙겨야 한다. 능력이 다소 부족하더라도 청렴하고 정직한 이미지가 있다면 조직원들이 진정한 리더로 만들어줄 것이다.

06

부정부패 척결,
세상을 바꾸는 용기다

"요즘 군대 참 편해졌어. 우리 때는 말이야"

휴가 나온 현역군인이 예비역 선배에게서 종종 듣는 말이다. 여자들도 마찬가지다. "우리 시집살이 할 때는 말이야"로 시작하여 세상이 변하고 편해졌다고 말한다. 이런 현상을 어느 개그맨이 라디오에서 유머로 풀어냈다.

오스트랄로피테쿠스가 호모사피엔스에게 한마디 한다. "요즘 애들 참 편해, 불도 지필 줄 알고" 개그맨은 이런 현상을 인류의 영원한 숙제라고 말했다.

21세기 최첨단을 달리는 시대지만 사람이 사는 곳이라면 부조리는 떼려야 뗄 수 없다. 인간 세상에는 인간의 탐욕이 있기 때문이다. 역사적으로 조선시대 말 부정부패가 활개를 쳤고 신라시대에도 부정부패 때문에 나라가 망했다. 아마 부정부패는 인류의 영원한 숙제라고 할 수 있다.

혁명보다 어려운 것이 개혁이다. 혁명은 뒤집어놓고 새로운 판을 만들면 되지만 개혁은 기존 판을 서서히 바꾸는 것이니 더 어렵다. 우리는 종종 혁명가를 응원하고 그들의 삶에서 교훈을 배우지만 정말 어려운 일은 개혁가다. 그만큼 뭔가를 바꾼다는 것은 엄청난 용기를 필요로 한다.

부정부패 뉴스가 들리면 늘 그렇듯 재발방지를 하겠다고 사과문을 읽고 고개를 깊이 숙여 인사한다. 하지만 재발방지 약속이 무색하게 다시 부정부패에 연루된다. 패턴이라 할 만큼 '부정부패-사과-재발방지대책-부정부패'의 연속이다. 이 부정적인 패턴을 깨는 데엔 용기가 필요하고 관습 같은 저항을 이겨내야 한다.

청렴한 세상으로 바꾸기 위해선 스스로 청렴한지 늘 점검하는 자의식이 필요하다. 조선 11대 왕 중종은 공직자 청렴을 위해 새로운 아이디어를 내놓는다. 궁궐에 들어올 때의 문을 3개 만든다. 문에는 청문(淸問), 예문(例問), 탁문(濁問)으로 이름을 새긴다. 그리고 신하들에게 자신의 입장을 생각하며 매일 문을 통과하라고 했다.

청문은 맑고 깨끗한 사람이 입장하는 문으로 신하들은 입장하기를 꺼렸다. 탁문 역시 자신이 부정부패를 저질렀다고 스스로 선언하는 꼴이니 출입하기를 꺼려했다. 예문은 보통문으로 적당한 사람이 출입하기 좋은 문이었다.

많은 신하들이 예문으로만 통과하자 중종은 실망한다. 이때 문장가이자 여러 벼슬을 거친 조사수(1502년~1558년)는 당당히 청문으로 통과했다. 조사수가 청문으로 통과하자 아무도 그를 제지하거나 이의를 달지 않았다. 그만큼 조사수는 청렴했고 당당했다. 조선시대에는 평가를 통해 청렴한 관리에게 청백리(淸白吏)라는 명예를 주었는데, 그 가운데 조사수는 청백리였다.

중종의 3가지 문은 관리들에게 청렴할 것을 주문하는 준엄한 경고였다. 특히 조사수 같은 관리를 추대하는 정책이기도 했다. 이 역시 세상을 바꾸고 싶은 중종의 용기였던 셈이었다. 명명백백 드러날 수 있는 3가지 문 통과하기는 왕의 의지가 되어 위로부터 개혁이라는데 그 의의가 있다.

집단은 무서운 법이다. 집단행동에 따라 조직원 모두가 긍정적인 발전을 할 수 있고, 또 공멸로 모두가 무너질 수 있다. 조직을 이끄는 사람은 리더다. 리더가 부정부패 척결의지를 보이면 세상을 바꾸겠다는 용기를 보이는 셈이다. 거기에 따라 조직원 모두가 동참한다면 리더는 강한 용기를 보여주는 일이 된다. 과거 어떤 시대, 그 누구도 하지 못했던 일에 동참하는 것이기 때문이다.

부정부패는 과거에도 있었고, 현재에도 만연하고 있다. 지금까지는 100% 척결이 불가능했지만 아직 희망이 있다. 일상에서 사소한 것부터 그 시작이다. 기본질서 지키기, 주어진 의무 성실히 이행하기 등 이런 사소한 일이 바로 세상을 바꿀 수 있는 용기다. 그리고 조직원 누구라도 미래가치로 따지고 들자면 리더가 될 수 있다. 평소 몸에 배인 언행이 중요하다. 자연스러운 태도에서 미래 리더의 자질을 알 수 있게 한다.

07

공정한 조직만이
지속적으로
생존할 수 있다

능력이 있는 데도 그것을 펼치지 못하는 것만큼 억울한 일도 없다. 더욱이 실력 격차가 아닌 환경 때문에 능력을 펼치지 못하고 산다면 그 억울함은 더할 것이다. 마이크로소프트 창업자 빌게이츠는 "세상은 원래 불공정하다."라는 명언을 남겼지만 환경 때문에 자신의 능력을 펼치지 못하는 사회는 건강한 발전을 기대하기 어렵다.

출발선의 억울함이 강해서일까. 능력이 안 되는 데도 자신의 환경을 활용하여 기회를 차지하는 사건이 발생하면 대중의 질타는 그만큼 강해진다. 공정한 사회에 대한 우리 모두의 열망은 꿈이라고 볼 수 있다. 개천에서 용은 날 수 없지만 금수저 간의 세습은 막아야 된다는 '출발선의 형평성'을 말할 수 있다. 특히 특정 직업군에서는 이러한 부모 자녀 간 세습이 두드러지게 이루어지고 있다.

어느 분야 할 것 없이 치열한 경쟁 속에서 생존하고 있다. 경쟁이 치열해지면 외치는 구호가 더 혁신적이 된다. 구호를 넘어 혁신에 성공하면 생존기간이 늘어나지만 혁신에 실패하면 그 생존기간은 줄어든다.

세계500대 기업의 평균 수명이 40년이라는 통계가 있다. 그리고 500대 기업 중 25년 뒤 생존할 기업은 3분의 1에 불과할 거라고 맥킨지는 경고한다. 우리나라도 예외는 아니다. 창업기업 평균수명이 30년 내외다. 잠깐 반짝이는 아이템을 잡아 성공시킬 수 있지만 30년을 넘어 오랫동안 성장하기 위해선 지속적인 혁신이 필요하다.

누구나 혁신의 중요성을 잘 알고 있다. 지금처럼 변화 속도가 빠른 세상에서 매일 혁신하지 않으면 퇴보할 수밖에 없다. 청렴 역시 마찬가지다. 청렴도 혁신을 위해 매일 점검해야 한다. 개인청렴은 물론 조직청렴에서 가장 중요한 건 '공정성'이다. 조직이 매일 공정성을 점검하고 실천해간다면 활력 넘치고 새로운 아이디어를 뿜어낼 수 있어 지속 생존이 가능하다. 누군가 공정성 때문에 피해를 보는 억울한 소수가 덜 발생하게 해야 하는 것이다.

청렴을 지속시키고 혁신하기 위해선 어떻게 해야 할

까. 리더는 물론 조직원이 지속적으로 세 가지를 고민하고 실천하는지 생각해본다.

첫째, 끊임없이 가설을 세우고 대응책을 마련하라. 부정부패 방법도 시대에 따라 변한다. 그에 대응하는 방법역시 변해야 한다. 안전관리 기법 중에 시나리오 기법이있다. 시대에 따라 변하는 부정부패 방법을 시나리오 기법으로 가설을 세우고 그에 따른 대응책을 마련해야 한다.

둘째, '그들의 입장'을 늘 고민해야 한다. 자신은 청렴해도 주변이 여러 가지 이유로 청탁을 할 수 있다. 청탁하는 사람의 입장이 되어보자. 그들이 왜 청탁을 하는지 안다면 거절하는 방법 역시 찾을 수 있다. 그리고 청탁하는사람의 입장에서 청탁 말고 다른 방법이 있다면 제시해줄 수도 있다.

셋째, 자극을 지속적으로 창출해야 한다. 훈련된 사람을 제외하고 사람들은 쉽게 매너리즘에 빠진다. 지속적으로 자극을 주지 않으면 혁신을 거부하고 그동안 이룬 성과로 잔치를 벌인다. 지속적인 자극을 주면 혁신을 이끌어 낼 수 있다. 지속적인 자극은 교육을 통해 이룰 수 있다. 리더가 당면한 과제에 급급해 교육을 등한시 한다면그 조직은 퇴보한다.

청렴강사로 여러 기관에 강의를 하러 다닌다. 청렴 점수가 높은 곳에 가서 강의를 하게 되면 뭔가 다른 느낌을 받는다. 기관장 또는 원장이 적극적으로 참여하고 강의 역시 높은 열기로 청강해준다. 강사로서는 고마운 일이다. 레벨로 표현할 수 있을 만큼 청렴에 대한 의식은 각각의 조직마다 다른 느낌을 준다.

청렴토크콘서트, 청렴역할활동 등 평소 해보지 않은 교육에도 적극적으로 참여하도록 하자. 외부인의 눈으로 본다면 이런 조직은 지속적으로 성장할 가능성이 높게 평가된다. 청렴점수가 왜 높은지를 알 수 있다.

조직의 생존여부는 혁신이다. 청렴 역시 매일 혁신해야 한다. 지속성장하고 싶다면 청렴을 단순 교육이나 구호로 멈추지 말고 실천에 옮기고 끊임없이 성장하는 조직을 만들어야 하는 것이다.

08

신뢰할 수 있는 리더가
최고의 리더다

2014년 최고흥행을 자랑한 영화 〈명량〉은 임진왜란 명량해전을 모티브로 삼았다. 역사에 관심 없는 사람이라도 이순신과 명량해전 그리고 '신에게는 12척의 배가 있습니다' 정도는 알 것이다. 진도 울도목에서 조선수군 12척과 일본수군 133척이 싸워 승리하여 일본수군 31척을 격침시키고 한양으로 상륙하려는 일본군을 저지했다.

세계해전역사에 명량해전은 신화같이 취급한다. 그만큼 말도 안 되는 상황에서 거둔 승리고 우리의 자랑이다. 전쟁은 장수 혼자 할 수 없다. 이순신 역시 그를 따르는 수군이 있어야만 전쟁을 수행하는데 당시 상황을 생각하면 12척의 배로 133척의 배를 상대하는 건 상식적으로 이해할 수 없는 상황이다. 하지만 수군들은 이순신을 따른다. 군법이 아무리 지엄하다고 하더라도 설명이 안 되는 상황에서 리더를 굳게 믿은 것이다. 이순신과 병사들간에 서로를 믿는 신뢰가 있었기에 신화 같은 명량해전을 치룰 수 있었다고 생각한다.

반대로 군적을 관리하지 못하고 평소 민심을 챙기지 못했던 선조는 탄금대에서 신립장군이 패하자 백성을 버리고 피신한다. 역사적으로 논란이 있지만 심한 배신감을 느낀 백성들은 궁궐을 불태운다. 아이들은 선조를 놀려대는 노래를 부르고 왜군에게 선조 피난처를 알려준다. 그리고 모범을 보여야 하는 왕족이 먼저 피난 가는 것도 모자라 백성들에게 횡포를 부린 선조의 큰 아들 임해군을 왜군에 바치는 등 신뢰를 잃은 리더는 대가를 치른다. 마지막으로 후대 역사는 이순신과 선조를 극명하게 평가한다. 이런 역사를 보면 리더의 신뢰여부에 따라 많은 것이 달라진다는 사실을 알아야 한다.

우리는 종종 리더를 믿고 희생을 감수하는 일을 보게 된다. 시대적 환경이 변해, 부도난 회사를 살리겠다고 자기 월급을 반납한 직원들의 이야기나 군신관계에서도 군주를 위해 자기 목숨마저 내놓는다. 서로간의 신뢰가 없다면 불가능한 상황이다.

신뢰는 믿음이다. 만약 리더가 부정부패를 저지르고 자신이 만든 법을 어기고, 약속을 가볍게 여긴다면 신뢰는 존재하지 않고 리더를 따를 때 철저히 계산으로 따르게 된다. 만약 리더에게 이익이 없다면 가차 없이 버리는 일도 쉽게 볼 수 있다. 이순신과 병사는 이익으로도 사람을 움직일 수 있지만 신뢰가 있다면 이익을 떠나 자기를 희생할 수 있다는 걸 보여준다.

대한민국 리더는 대통령이다. 국민과 대통령간의 신뢰가 있다면 정책추진에 있어 여러 가지로 유리하고 위기가 온다면 대통령은 국민들에게 도움을 호소할 수 있다. 안타깝게도 후보시절 공약을 지키지 않는 경우가 허다하고 임기가 끝나면 임기 중에 일어났던 부정부패로 홍역을 치른다. 그걸 바라보는 국민들 역시 리더에 대한 신뢰를 잃어간다.

특히 대통령 친인척 비리로 인하여 대한민국은 '비리공화국'이란 오명이 있다. 대통령부터 비리가 있는데 국민들은 말할 것도 없다고 외국에선 비아냥거린다. 전두환 전 대통령의 경우 재임 중 통치자금이란 명목으로 대기업에게 받은 2,205억 추징금 중 돈이 없다는 이유로 일부만 납부했다. 하지만 그의 행보는 손녀의 호화결혼식, 최고급골프장 출입으로 신뢰를 잃었다. 노태우 전 대통령 역시 처조카이자 '6공의 황태자'로 불린 박철언 전 정무장관은 슬롯머신사업자로부터 수 억 원을 받은 혐의로 구속되었다.

문민정부를 이끈 김영삼 전 대통령은 아들 김현철 씨를 비롯해 여러 가지 비리에 연루되었고 김대중 대통령 역시 아들 김홍걸 씨의 비리로 홍역을 치른다. 노무현 대통령도 친인척 비리로 극단적인 선택을 해야 했고, 이명박 전 대통령은 영부인 사촌언니의 공천대가 30억을 받은 협의로 구속되었다.

대통령 말고도 리더들의 비리사건을 볼 때마다 안타까움이 생긴다. 리더들과 국민들 간의 신뢰가 갈수록 줄어들기 때문이다. 선진국 반열에 올라간 나라도 위기가 있고 언제든지 나라가 망할 수도 있다. 우리나라 역시 위기가 오고 나라가 망할 수 있다. 만약 위기가 몰려왔을 때 리더들이 국민에게 희생을 요구한다면 국민들이 따를까 걱정이 된다.

리더의 신뢰는 청렴에서 시작된다. 리더는 신이 아니기에 언제든지 실수할 수 있다. 평소 청렴했고 부하들에게 신뢰를 얻었다면 실수해도 부하들이 자기 문제처럼 해결해 준다. 반대로 부정부패를 저지르고 신뢰를 잃는다면 부하들은 리더가 망하는 걸 웃으며 지켜볼 수 있다.

09

신뢰를 얻으려면
투명한 조직으로
거듭나야 한다

얼마 전 정부에서 부패방지 '4대 백신 프로젝트'를 발표했다. 국무총리는 앞으로 있을 대형 국책사업을 앞두고 비리를 사전에 막는, 예방에 중점을 두고 있다고 포문을 열었다. 과거 국책은 비리의 온상으로 전 국민의 분노를 샀다. 다행히 과거에 비해 청렴이 강조되고 있고 국민들 역시 감시를 할 수 있어 이젠 국책사업을 깨끗이 할 수 있는 성숙된 분위기가 마련되었다. 4대 백신 프로젝트는 다음과 같다.

첫째, 대형 국책사업에 대한 '실시간 부패감시'

둘째, 대규모 자산운용기관의 '선제적 리스크 관리'

셋째, 국고보조금 부정수급 차단을 위한 '상시적 정보 공유 및 연계'

넷째, 내부통제 장치 강화 등 '클린시스템 도입'

특히 이번 4대 백신 프로젝트는 대규모 재원이 투입·운용되는 곳에서 재량권 남용으로 부정의 소지가 큰 분야부터 우선 적용해 나갈 계획이라 한다. 그 사업에는 재난안전통신망 사업(1조 7000억원), 평창동계올림픽 준비(5조 3000억원), 과학벨트 조성(5조 9000억원), 수도권 광역급행철도(GTX)을 비롯한 대형 SOC 사업(12조 7000억원) 등 총 25조원 규모의 대형 국책사업을 대상으로 '실시간 부패감시' 시스템을 실시할 것이라는 것이다. 정부는 '부패방지 4대 백신프로젝트'가 성공적으로 추진될 경우 관련예산 135조원의 약 4%에 해당하는 5조원 정도의 예산절감 효과를 기대하고 있다.

당연한 걸 지키면 5조원의 예산절감이 예상된다는 발표에 과거 대규모 국책사업에 얼마나 비리가 있었는지 생각했다. 아마도 각자의 삶을 충실히 살기에 바쁜 대다수의 국민이 발표를 보고 깜짝 놀랐을 것이다. 나 또한 그랬다. 이제 알았으니 끝까지 지켜보기로 다짐했다. 국민으로서 제대로 시행했는지 보겠다는 뜻이다.

나는 다시 정부를 신뢰해보려고 한다. 사전에 대규모 예산낭비 부정비리를 감시하고 경고해서 원칙적으로 차단한다는 투명한 정책 정부를 신뢰해보려 한다. 청렴한 리더들이 있기에 청렴한 국가가 만들어지는 것이 아니겠는가? 그런 의미에서 이번 '부패 방지 4대 백신 프로젝트'는 2016년 청렴한 나라라는, 국민의 신뢰를 얻기 위한 초석을 다진 듯하다.

2015년 정부신뢰도에서 우리나라는 34%로 국민 10명 중 3명만이 정부를 신뢰하고 있다. OECD국가 평균 41%에 비해 낮은 수치고 1990년 민주화를 이룬 남아프리카공화국과 공동으로 26위를 차지했다. 국민이 정부를 신뢰하기 위해선 투명해야 한다. 하지만 여러 가지 사회 문제를 보면 신뢰는 점점 떨어지고 있다. 국민의 한 사람으로서 안타깝기 그지없다.

성실한 예금자들에게 큰 충격을 준 저축은행 영업정지와 구조조정 사태는 도덕적으로 얼마나 해이하고 신뢰할 수 없는지를 적나라하게 보여 준다. 구조조정을 진행한 금융당국과 은행간부들은 얌체처럼 돈을 빼갔다. 영업정지 이틀을 앞두고 그동안 저축한 돈을 빼낸 것이다. 은행 영업정지 사태는 큰 혼란을 초래하기에 보완유지가 필수다. 하지만 금융당국자와 사전 정보를 파악한 은행간부들은 돈을 빼어내 혼란을 피해갔다. 그 피해는 고스란히 성실한 예금자들에게 돌아왔다. 평범한 사람들은 허탈감과 분노로 뉴스를 볼 수밖에 없었다.

금융감독원에서 일하다 퇴직한 사람은 전관예우처럼 저축은행에 취업한다. 정보가 자기들끼리 흐르고 있었던 것이다. 그리고 2차 구조조정을 예고하자 두 번 속을 수 없다고 생각한 예금자들은 저축은행으로 달려간다. 여기에 건전한 저축은행도 예외가 아니었다. 뱅크런(대규모 예금 인출사태)이 일어나자 구조조정을 지휘하는 간부가 성난 예금자를 달래기 위해 건전한 저축은행에 사비 500만원을 저축하며 안심시켰지만 뱅크런을 막을 수 없었다. 신뢰가 무너진 것이다.

무너진 금융당국은 신뢰를 회복하기 위해 많은 시간이 필요할 것 같다. 그리고 꾸준히 투명한 모습을 보여주어야 한다. 한번 무너진 신뢰는 회복하기가 힘들다. 처음부터 신뢰를 지키기 위해 노력해야 한다.

대규모 국책사업에 따른 4대 백신 프로그램, 저축은행 사태를 보며 오직 청렴만이 누구나 신뢰할 수 있는 조직으로 만들 수 있다고 생각한다.

10

시대가 변해도
모든 리더의 승패는
청렴이다

청렴을 말하면 '깨끗한 사람' 또는 '청빈한 사람'으로 생각하는 경우가 많다. 어느 정도는 맞는 말이지만 조금 더 연장해서 생각해 볼일이 있다. 청렴은 성실을 전제하고 있다. 성실함 역시 청렴이다. 성실하지 않으면 청렴은 공허한 외침이다.

창조경제란 말이 일반화 될 만큼 지금은 창조, 창의가 시대를 이끌어가고 있다. 창조사회에서 산업화 정신인 성실함을 강조하는 건 앞뒤가 맞지 않을 수 있다. 하지만 아무리 톡톡 튀는 생각을 만들어내는 창의적인 사람도 매일 같이 지각한다면 같이 일하기가 싫어진다. 우리가 청렴해야 하는 이유 중 하나는 같이 일하고 싶은 사람으로 나를 변화시키기 위해서다. 성실하지 못해 같이 일하기 싫은 리더가 된다면 리더 자리는 허수아비일 뿐이다. 청렴해야 리더로서 진정한 힘이 나오니 청렴 중의 하나인 성실에 대해 리더는 진지하게 고민해야 한다.

리더십도 트렌드가 있는 것 같다. 전쟁이 난무했던 시대는 카리스마 리더십이 필요했고, 사회적으로 여러 가지 아픔이 이어진다면 감성 리더십, 스스로가 리더가 되고 싶은 사람에게는 셀프 리더십이 트렌드가 되었다. 그 외에 많은 리더십이 존재했었다. 리더십도 트렌드가 있다 보니 변화무쌍한 모습이다. 하지만 청렴하지 않다면 어떤 리더십도 통하지 않는다. 시대가 변해도 리더는 청렴해야 한다. 그리고 청렴의 전제조건인 성실함이 있어야 한다.

21세기 위인 반열에 오른 인물 중 한 사람이 남아프리카공화국 넬슨 만델라 대통령이다. 1918년에 태어나 2013년 폐렴으로, 94세의 생을 마감한다. 그의 죽음에 세계인의 애도가 이어졌다. 독재정치 속에서 정치범으로 장장27년 간 감옥생활을 하면서도 남아공 민주주의 의지를 꺾지 않았다. 그는 1994년 최초에 시행된 민주선거로 남아공의 대통령이 된다. 그 후로 여러 가지 개혁을 성공시켜 남아공을 아프리카의 강대국으로 변모시켰다. 그의 어록 중 청렴에 관한 말이 있다.

"흔히 말하듯이 성인(聖人)은 늘 청렴하려고 노력하는 죄인이라오. 어떤 사람이 인생의 4분의 3을 악한으로 살았어도 성인으로 추앙받는 것은 그 사람이 나머지 4분의 1을 성인으로 살았기 때문이오. 실생활에서 우리가 대하는 것은 신들이 아니라 우리 같은 평범한 사람들이오. 모순으로 가득 찬 사람, 차분하면서도 변덕스럽고 강하면서도 약하고 유명하면서도 악명 높은 사람들, 우리 몸에 흐르는 피 속에서 구더기와 살충제가 매일 전쟁을 벌이는 사람들 말이오."

이 말을 듣고 많은 생각을 하였다. 우리 몸은 매일 같이 전쟁을 벌이고 있고 넬슨 만델라 역시 자신을 평범한 사람으로 생각했기에 이 전쟁을 매일 같이 벌이고 있었다. 우리가 알고 있는 성인들 역시 4분의 1인 삶을 청렴했기에 성인이 되었다고 말한다. 그만큼 우리 주변에는 청렴하지 못한 사람이 많다는 말이다. 구더기와 살충제가 매일 전쟁을 벌이는 환경에서 우리는 청렴을 추구해야 하는 위치에 있다. 만델라 역시 청렴을 추구했기에 지금과 같은 위인 반열에 올랐을 것이다. 27년간 감옥에 살면서 열망했던 민주주의에 대한 성실함이야말로 만델라의 청렴이 아닐까 생각한다.

성실한 사람은 주어진 일에 최선을 다하는 사람이다. 주어진 소명이 무엇이든 소명을 위해 성실히 일한다. 성실히 일하기 위해선 공정성이 전제되어야 한다. 즉 모든 것에서 청렴해야 한다. 그래서 인사도 공정하고, 경쟁도 공정한 룰에서 펼친다. 성실한 리더는 모든 것을 이루게 되어 있다. 또 성실은 리더에게 필요한 투명성을 전제한다. 성실하지 못하고 사람을 속이는 리더는 정보공개를 두려워한다. 자신에게 칼이 되어 돌아오기 때문이다. 그만큼 청렴에 성실이 있다.

리더십도 시대에 따라 변화무쌍하다. 하지만 청렴하지 못하면 리더십은 공허함 그 자체다. 리더의 승패는 청렴에 있다는 점을 기억하자. 또 변하지 않는 한결같은 성실한 마음만 있다면 변화만 따라가다 사라지는 리더가 아닌 오랫동안 사람들에게 영향력을 행사하는 리더가 될 수 있다.

청렴리더
리더의 승패는 청렴이다

초 판 발 행 일 | 2016년 4월 25일
2 쇄 발 행 일 | 2018년 7월 25일
3 쇄 발 행 일 | 2021년 5월 20일

지 은 이 | 배정애
펴 낸 이 | 배수현
디 자 인 | 박수정
홍 보 | 배예영
제 작 | 송재호

펴 낸 곳 | 가나북스 www.gnbooks.co.kr
출 판 등 록 | 제393-2009-000012호
전 화 | 031) 959-8833
팩 스 | 031) 959-8834

I S B N | 979-11-86562-27-7